IS GOD A DELUSION? What is the evidence?

Is God a Delusion?

도킨스의 〈만들어진 신〉을 통렬하게 무너뜨리는 니키 검블의 '기독교를 위한 반론'

만들어진 신 VS
스스로 있는 신 (개정판)

니키 검블 지음 / 주상지 옮김

서로사랑

* 본문 중에 인용된 도서는 원서를 기준으로 번역되었습니다.

만들어진 신 VS 스스로 있는 신(개정판)

1판1쇄 발행 2009년 1월 30일
2판1쇄 발행 2012년 6월 20일

지은이 니키 검블
옮긴이 주상지
펴낸이 이상준
펴낸곳 서로사랑(알파코리아 출판 사역기관)
만든이 이정자, 윤종화, 주민순, 장완철
　　　　　이소연, 박미선, 엄지일
이메일 publication@alphakorea.org

등록번호 제21-657-1
등록일자 1994년 10월 31일
주소 서울시 서초구 방배1동 918-3 완원빌딩 1층
전화 02-586-9211~4
팩스 02-586-9215
홈페이지 www.alphakorea.org

차례

TIME

런던에서 찾은 예수

Finding Jesus in London

제임스 멈포드는 런던 핌리코 인근 부촌에 사는 말쑥한 옷차림의 27세 청년이다. 대부분의 영국 엘리트처럼 옥스퍼드와 예일대학에서 철학을 전공했고, 대학원을 조기 졸업하고 런던의 금융계에서 일하고 있다. 하지만 오늘 밤, 그는 자신이 어떻게 예수님을 영접하게 되었는지에 관해 이야기하고 싶어 한다. "개인적인 신앙을 이야기하는 것에 대해 거부감은 없다"고 그는 소심하게 말했다. "하지만 곤혹스러운 부분이다. 나를 정신없는 복음주의자로 속단하지는 말기 바란다."

이 신중한 영국 청년은 최근 주목을 받지 못했던 런던 상류층의 예기치 못했던 영적 각성의 한 예가 될 수 있을 것이다. 오랫동안 지극히 세속적인 도시로 여겨져 왔던 런던이 조용히 영국에서 가장 기독교적인 지역으로 바뀌었으며, 1979년 영국에서 가장 진보적인 지역에서 지금은 두 번째로 보수적인 지역으로 변모했다. 이러한 신앙심의 부활은 대부분 도시의 팽창과 헌신적인 이민자들의 증가 때문이다. 동시에 교회로 발길을 돌린 젊고, 고등교육을 받은 돈 많은 런던인들—멈포드와 같은 사람들—이 증가했기 때문이다.

이러한 새로운 신자들의 진원지는 켄싱턴에 있는 성공회 교회 홀리 트리니티 브롬프톤(HTB)이다. 이 교회의 4천 명이 넘는 교인 수는 과거 15년 전에 비해 3배나 늘어난 것이고, 교인들의 평균 연령은 27세이다. 이들 젊은 회심자들의 경제력이 어느 정도 되는지에 대해 HTB 교회는 자료를 갖고 있지 않지만, 헌금에 관한 자료를 보면 단서를 얻을 수 있다. 이 교회는 지난 한 해 700만 달러의 헌금을 거두었다(성공회에서 제공한 자료에 따르면, 런던 교구의 평균 헌금액은 대략 15만 달러 정도이다). 이 교회는 최근 지나치게 밀집된 교인 수를 해소하기 위해 런던 주변의 죽어 가는 다른 교회에 출석하도록 교인들을 유도하고 있다.

　　이러한 성공의 원동력은 HTB의 알파코스로, 이 프로그램은 젊은이들을 회심시키기 위해 10주간에 걸쳐 기독교를 소개한다. 1990년 HTB에서 시작된 이 프로그램은 전 세계로 퍼져 나가 교단을 초월해 1,100만 명의 사람들이 참여하고 있다. 하지만 이 프로그램은 고향에서 가장 각광을 받고 있다. 매주 수요일, 수백 명의 10대에서 20대 젊은이들이 HTB에서 무료 식사를 얻고, 설교를 듣고, 가스펠을 부르며 예수님을 영접하기 위해 교회로 몰려든다. 11월, 활성화된 알파코스 세션에는 900명의 젊은이들이 참여하는데, 긴 목에 랄프 로렌으로 한껏 멋을 부린 미녀들과 화려한 푸른 벨벳 재킷을 차려입은 청년들이다. 이튼 졸업생이자 변호사였고, 알파코스를 젊은

이들에 맞게 개선시킨 니키 검블은 오픈 칼라 셔츠에 초록색 양말, 간편한 운동화 차림이었다. 2005년부터 HTB의 교구 목사인 검블은 참석자들에게 자신의 이름 첫 글자로 시작하는 형용사를 말해 보라는 것으로 세션을 시작했다. 그는 자신을 '항해사(영문자 N으로 시작함) 니키'로 소개했다.

검블에 따르면, HTB의 성공은 젊은 참가자들에게 공동체 의식을 심어 주는 데서 나온다. 또한 어쩌면 영국의 소심한 엘리트들이 안고 있는 문제를 공개적으로 토론할 수 있게 하는 데서 나오는 것일 수도 있다. 니키 검블은 모든 욕구가 다 충족되어져도 런던의 부유한 젊은이들에게 여전히 '영적 굶주림'은 남는다고 말한다. "아무리 멋진 집과 자동차를 소유하고 있어도 여전히 뭔가 빠진 것이 있다"고 그는 말한다. "술집에 가서 삶의 의미가 무엇이냐고 물으면 사람들은 그저 당신을 쳐다보며 웃을 것이다. 하지만 당신이 당신과 같은 그룹의 사람들을 발견한다면, 그리고 이러한 질문들에 관해 토론할 수 있다면, 그것은 엄청난 경험이 될 것이다."

과학적 세속주의의 기념물인 런던의 자연역사박물관과 해로드 백화점 사이에 자리 잡은 HTB는 런던 사회와 쉽게 융화되지 못한다. 2006년, 지역주민들은 교회가 대형 신학센터를 건설하고자 하는 계획에 반대했다. 세속적인 그룹에서는 알파코스의 컨텐츠에 의

문을 제기하고 있다. 이러한 의문은 영국의 미래 지배 계층에 대한 HTB의 영향력에 대한 우려로, 〈만들어진 신〉의 저자이자 옥스퍼드 대학의 교수인 리처드 도킨스와 최근 파트너십을 맺은 영국 휴머니스트 연합은 알파코스의 광고 캠페인에 대항하는 광고 기금을 모으고 있다. 버스에 붙어 있는 이 캠페인의 광고 문구는 알파코스의 광고와 유사한 폰트로 "신은 없다. 걱정하지 말고 인생을 즐겨라"고 되어 있다. 이 캠페인은 7,000달러를 목표로 했지만, 몇 주 만에 18만 달러가 모금되었다.

하지만 HTB의 성공으로 미루어 볼 때 인본주의자들은 승산이 없는 싸움을 벌이고 있는 것 같다. 영국 성공회는 영국의 거대 도시에서 새로운 생명력을 발견하고 있다. 그리고 새로운 회심자들은 작은 도시의 교인들보다 훨씬 더 열정적이다. HTB의 주일 예배는 찬송과 춤, 방언이 포함되어 있다. "내 오랜 질문에 대한 해답을 찾기 위해 나는 사방을 돌아다녔다"고 철학도인 멈포드는 말했다. "내가 그 해답을 런던의 교회에서 찾았다는 것을 깨닫기에는 그리 오랜 시간이 걸리지 않았다."

이벤 하렐 / 런던
〈타임〉지, 2008년 12월 21일자

서문

2007년 3월, 나는 웨스트민스터 센트럴 홀에서 "종교가 없다면 우리는 보다 더 잘 살 것이다"를 주제로 한 토론회에 참석했다. 그 명제를 지지하여 연설한 자들은 리처드 도킨스(Richard Dawkins), 그레일링 히친스(Grayling Hitchens)와 크리스토퍼 히친스(Christopher Hitchens)였다. 그 홀은 2천 명이 넘게 꽉 찼고, 그들 중 많은 이들은 오랫동안 줄을 서서 기다려야 했었다. 이러한 문제들에 대한 관심이 지대했기 때문에 나 또한 그들의 책과 다소의 논문과 기사들을 읽기 시작했다.

2007년 10월, 나는 주일 예배에서 세 번의 설교를 했다. 그 내용이 바로 이 책의 1장에서 3장까지의 바탕을 이루는 것이다. 그것은 알파코스의 첫 부분("예수님은 누구신가?"라는 제목)의 내용과 일부분 일치한다. 우리는 거기에서 예수 그리스도의 탄생과 죽음과 부활에 대한 증거를 고찰할 것이다. 나는 이상의 것들을 한꺼번에 다루기보다 "예수님은 누구신가?"라는 주제에 흥미를 느끼는 사람들을 위해 부록으로 첨가시켰다.

성 멜리투스(St. Mellitus) 대학의 학장이며 성 바울 신학 센터(St. Paul's

Teheological Centre)의 교장인 그레이엄 톰린(Graham Tomlin) 박사는 신학적인 시각에서 리처드 도킨스의 책에 대한 응답의 글을 쓰기로 쾌히 수락하고, 다소 다른 각도에서 동일한 주제에 접근하였다.

본서가 출판되기까지 도움과 조언을 아끼지 않은 제임스 오르(James Orr), 사스키아 로손 존스톤(Saskia Lawson Johnston), 키티 케이-셔틀워스(Kitty Kay-Shuttleworth), 존 휴턴(John Houghton), 조프리 로크(Geoffrey Locke), 쿠마르 이예(Kumar Iyer), 시몬 웬헴(Simon Wenham), 알렉스 기욤(Alex Guillaume), 라메즈 수수(Ramez Sousou), 란다 한나(Randa Hanna), 저스틴 월포드(Justin Walford), 제임스 브래들리(James Bradley), 조 글렌(Joe Glen) 그리고 줄리아 에반스(Julia Evans)에게 마음 깊이 감사를 표하는 바이다.

1장

•

과학은 하나님을 반증하는가?

Has Science Disproved God?

최근 무신론자로 유명세를 탄 자들이 많은 책들을 출판했다. 그 중 가장 두드러진 것은 리처드 도킨스의 〈만들어진 신〉(The God Delusion)이다. 도킨스는 '버트란드 러셀(Bertrand Russell) 이후 프로급 무신론자에 가장 가까운 존재'로 일컬어져 왔다. 그리고 다른 책들로는 무신론 철학자인 그레일링의 〈모든 신들에 대항하여〉(Against All Gods), 무신론 저널리스트인 크리스토퍼 히친스의 〈신은 위대하지 않다〉(God is Not Great) 및 텔레비전과 라디오 정규 출연자이자 미국 대학 교수인 샘 해리스(Sam Harris)의 〈기독교 국가에 보내는 편지〉(Letter to a Christian Nation)와 〈종교의 종말〉(The End of Faith)이 있다.

이들은 모두 공격적인 무신론자들이다. 샘 해리스는 종교는 어느 것이든 "거짓되고 위험하다"[1]고 믿는다. 도킨스는 이 아이디어

---

1) Terry Eagleton, "돌진하고, 휘두르고, 주먹질하다"(Lunging, Flailing, Mispunching), 〈만들어진 신〉의 리뷰, p. 1; Sam Harris, 〈기독교 국가에 보내는 편지〉(Letter to a Christian Nation), Bantam Press, 2007, p. 47.

를 확장시켜서 다음과 같이 말한다.

> 나는 종교가 위험한 바이러스라고 생각한다. 신앙은 젊은
> 이들을 공격하고 다음 세대를 계속적으로 오염시키는 바
> 이러스와 같은 영향을 미친다. 많은 사람들은 성장 과정에
> 서 이성적 사고라는 유효하고 강력한 약을 복용하고 신앙
> 의 바이러스를 멸절시키는 일을 해야 할 것이다. 그러나
> 만약 개인이 그것을 털어내는 데 성공하지 못한다면, 그
> 의 정신은 영원히 유아 상태에 고착된 채, 그 다음 세대에
> 도 감염시킬 위험이 무섭게 도사리고 있다.[2] … 신앙은 위
> 험천만한 것일 수 있어서, 상처입기 쉬운 천진난만한 어
> 린이의 마음에 신앙을 고의적으로 심는 것은 중대한 과실
> 이다.[3] 성적 학대는 무서운 것이지만…, 그 손상은 가톨릭
> 식으로 어린이를 양육하여 입힌 장기간에 걸친 심리적 피
> 해에 비하면 그리 심각한 것은 아니다.[4]

도킨스는 신앙을 '어른들의 개인적 행동'으로 국한시킬 경우에
종교를 허락하긴 한다. 하지만 무신론자들이 공언하는 목적은 '신

---

2) Richard Dawkins, 〈모든 악의 근원〉(The Root of All Evil) 1부: 만들어진 신.
3) Richard Dawkins, 〈만들어진 신〉(The God Delusion), Black Swan, 2007, p. 308.
4) Ibid., p. 317.

앙을 근절시키는' 것이다. 해리스는 "우리 시대에 종교가 사라질 가망성은 거의 없는 것처럼 보인다. 18세기 말엽에 노예제도를 폐지하려는 노력에 대해서도 동일하게 언급했을 수 있다"[5]고 진술한다.

전도서 저자는 "해 아래에는 새 것이 없나니"라고 기록하고 있다. 어떤 의미에서 이는 전혀 새로운 것이 아니다. 기독교는 2천여 년간 끊임없이 공격을 받았음에도 불구하고 여전히 생존해 왔으며, 아직도 성장해 가고 있다.[6] 하나님을 죽이려는 시도가 부지기수로 많았다. 잘 알려진 철학자 프리드리히 니체(Friedrich Nietzsche)는 1882년에 하나님의 사망을 선포함으로 일약 유명한 인물이 되었다.[7] 하지만 그것이 그 주제에 관한 최후의 단언은 아니었다. 한 낙서 예술가는 "하나님은 죽었다"를 쓰고, 그 아래에 '니체'라고 서명을 했다. 그런데 그 밑에다 또 다른 한 사람의 낙서 예술가가 "니체는 죽었다"라고 기록하고, 그 아래에다 '하나님'이라고 서명을 했다.

그렇다면 오늘의 공격 양상은 무엇이 다른가? 이들 무신론자들

---

5) Sam Harris, 〈기독교 국가에 보내는 편지〉(Letter to a Christian Nation), Bantam Press, 2007, p. 87.
6) 매일 2만 명 이상의 새로운 그리스도인들이 교회에 영입된다(지난 10년간 7천 7백만 명의 증가). 이 정보의 출처는 〈세계 기독교 백과사전〉(옥스퍼드대학교 출판사, 미국).
7) Friedrich Nietzsche, 〈즐거운 지식〉(The Gay Science), Section 125, tr. Walter Kaufmann.

은 아주 명확한 목적을 가지고 있다. 그렇기 때문에 그들은 '목적에 이끌리는' 무신론자들로 불리었다. 도킨스는 〈만들어진 신〉에서 "만약 이 책이 내가 의도한 대로 효과를 발한다면, 이 책을 열어서 읽는 신앙인들은 그것을 닫을 땐 무신론자가 될 것이다"[8]라고 장담한다. 이러한 공격과 격렬함은 서구 사람들에겐 생소한 것이다. 세계의 다른 지역 사람들은 종교적 신앙에 대한 도전적 공격에 훨씬 더 익숙해져 있다. 최근에 나는 신앙을 말살시키려 애쓴 40년의 무신론적 공산주의에서 막 빠져나온 헝가리를 방문했을 때, 이러한 점을 깨닫게 되었다. 공산 정권은 사람들이 자녀를 그리스도인으로 양육하지 못하게 막았다. 공산주의를 강력히 반대했던 가톨릭 추기경 요셉 민첸티(Jozsef Mindszenty)는 투옥되고 고문을 당하였다. 앞서 내가 언급한 책들이 헝가리에선 그렇게 인기가 없다는 사실은 놀랄 만한 일이 아니다.

그럼에도 불구하고, 이 책들은 미국, 영국 및 서부 유럽의 많은 나라들에서 엄청난 독자 수를 확보한 상황이다. 최근의 조사 결과에 따르면 〈만들어진 신〉은 군인들이 여름 휴가 동안 읽는 도서 목록의 상위에 랭크되어 있다. 분명히 이러한 서적들은 법률, 교육 제도, 윤리, 유전학, 인간의 권리 및 우리의 자녀들을 그리스도인으로

---

8) Richard Dawkins, 〈만들어진 신〉(The God Delusion), Black Swan, 2007, p. 5.

양육하는 권리에 영향을 끼칠 수 있다는 점을 시사하고 있다.

본서의 출발 시점에서, 이러한 저자들과 그들의 주장에 내포된 여섯 가지의 긍정적인 측면을 언급하는 것이 중요하다고 생각된다.

1. 그들은 영리한 사람들이며 교수들이고 지성인들이다. 그들이 사용한 수사학, 능란한 유머와 조소를 보라.

2. 종교에 대해 표현된 태도와 공격, 특히 종교에 대한 격렬한 공격엔 용기가 필요하다(저자 편에서).

3. 기독교에 대한 공격 중에는 근거가 확실한 것도 있기 때문에 진지하게 받아들이고 과거의 잘못을 반복하지 않도록 해야 한다.

4. 기독교 신앙은 공격자들의 비판을 통하여 유익을 얻을 수 있으며, 또한 얻어야만 한다.

5. 이 저자들은 신앙을 인기 있는 토의 의제로 되돌려 놓았다. "너희 마음에 그리스도를 주로 삼아 거룩하게 하고 너희 속에 있는 소망에 관한 이유를 묻는 자에게는 대답할 것을 항상 준

비하되 온유와 두려움으로 하고"(벧전 3:15). 신앙과 종교의 문제가 학교, 대학교, 우리의 일터 혹은 식탁에서 거론되고 있다면, 우리 자신의 응답을 심사숙고하는 것이 중요하다.

6. 진리가 중요하다는 확신은, 당신이 진지하기만 하다면 무엇을 믿는가는 문제가 되지 않는다고 말하는 상대주의로부터 벗어나는 긍정적인 움직임이다. 반대로, 이 저자들은 믿음은 삶에 영향을 미치기 때문에 당신이 무엇을 믿는가는 정말 중요하다고 말한다. 진리는 중요한 것이다. 옥스퍼드대학교 교수인 로저 스크루턴(Roger Scruton)은 인식론에 관한 옥스퍼드 사전에서 다음과 같이 진술한다: "누군가가 당신에게 진리 따위는 없다고 말한다면, 그들은 당신에게 그들 자신을 믿지 말라고 요구하는 것과 같다. 그러니 그들의 말을 믿지 말라."[9]

〈만들어진 신〉에서 도킨스는 '책의 중심되는 주장'은 '신이 없는 것이 거의 확실한 이유'의 제목이 붙은 장이라고 말한다. 그의 주장은 과학은 거의 하나님을 반증하였고, 그리하여 하나님을 믿는 사람들은 기만을 당하고 있다는 전제에 기초를 둔다. 도킨스는 마이크로소프트 워드 소프트웨어 패키지에 딸려 있는 사전을 인용하

---

9) Roger Scruton, 〈The Oxford Dictionary of Epistemology〉.

여, '망상'(Delusion)을 '강한 반대 증거에 직면하고서도 끈질기게 버티는 고집 세며 그릇된 신앙, 특히 정신질환의 징후'[10]로 정의를 내린다. 도킨스는 계속해서 언급한다: "첫 부분은 종교적인 신앙을 완전히 사로잡는다. 그것이 정신질환의 징후인지 아닌지에 대해서는 나는 〈선(불교)과 모터사이클 관리술〉(Zen and the Art of Motorcycle Maintenance)의 저자인 로버트 피어시그(Robert Pirsig)의 견해를 따르는 편이다: '한 사람이 망상증으로 고통을 당하면, 그것을 정신병이라고 부른다. 많은 사람들이 망상증을 앓게 되면, 그것은 종교라고 일컬어진다.'"[11]

하나님은 망상적인 존재인가? 과학은 하나님이 계시지 않는다고 증명하였는가? 다음의 세 가지 중요한 질문들을 고찰함으로써 그 증거를 숙고해 보기로 하자.

---

10) Richard Dawkins, 〈만들어진 신〉(The God Delusion), Black Swan, 2007, p. 5.
11) Ibid.

I. 신앙과 과학은 나란히 공존할 수 있는가?

리처드 도킨스는 "사람들은 신앙과 과학이 함께 존재할 수 있다고 생각하길 좋아한다. 하지만 나는 그럴 수 없으며, 오히려 정반대라고 생각한다"[12]라고 말한다. 이 주장에 대한 증거는 무엇인가?

도킨스는 온전한 정신이 있고, 지성적이며, 정직한 과학자라면 그 누구도 신앙인이 될 수 없다고 생각한다. 왜냐하면 그는 모든 신자들은 기만을 당하고 있다고 추측하기 때문이다. 이것은 과학자가 그리스도인이라고 주장한다면, 그들이 무지하거나(도킨스는 '지적 엘리트의 무신론' 이라고 묘사함) 혹은 성실치 못하거나, 혹은 정말로 제정신이 아님을 시사하는 것이다. 그는 과학자들이 믿는다고 주장하는 이유 중 하나는 템플턴상(종교계의 노벨상)을 받기 위해서일 것이며, 최근에 저명 과학자들이 그 상을 받았다고 이야기한다.

이 말은 증거를 가지고 있는가?

---

12) Richard Dawkins, 〈모든 악의 근원〉(The Root of All Evil) 1부: 만들어진 신.

역사의 많은 영역에서 기독교와 과학적 연구는 적수가 아닌 동맹자 관계를 이어 왔다. 이는 오랜 기간 확고해진 사실이다. 기독교 세계관은 현대 과학이 출현할 수 있는 올바른 환경을 제공했다. 창세기는 "태초에 하나님이 천지를 창조하시니라"(창 1:1)로 시작하고, 계속해서 "하나님이 지으신 그 모든 것을 보시니 보시기에 심히 좋았더라…"(창 1:31)고 기록한다.

먼저, 과학자들로 하여금 질서 정연하고, 지성적이며, 합리적이고 통일성이 있는 세계를 기대하게끔 한 것은 그것을 창조하신 한 분, 하나님에 대한 믿음이었다. C. S. 루이스는 이 주장 배후에 있는 이론을 이렇게 요약했다: "인간은 자연의 법칙을 기대했기 때문에 과학적이 되었고, 입법자가 계심을 믿었기 때문에 자연의 법칙을 기대했다." [13]

둘째, 창세기 말씀에 의하면 하나님은 자연과 분리된 분이시고, 창조 세계는 본질적으로 좋았다. 초월적인 하나님(자연과 분리된)에 대한 믿음이란 실험이 정당화될 수 있다는 것을 뜻한다. 만약 세상이 악하다고 믿거나 혹은 범신론(하나님은 모든 곳에 존재한다)을 믿는다면, 탐구를 한다거나 실험을 하는 일은 위험스러울 수 있다. 하지만 좋

---

13) C. S. Lewis, 〈기적〉(Miracles), Fontana, 1947, p. 110.

기는 하지만 신(하나님)은 될 수 없는 세상을 창조하신, 초월적인 하나님을 믿는다면, 그땐 탐구가 합법적인 동시에 가치 있는 일이 될 것이다.

레슬리 뉴비긴(Lesslie Newbigin)은 이렇게 지적한다: "중국, 인도 및 이집트의 거대한 문화 속에서 그들이 발휘했던 탁월한 지적인 능력에도 불구하고 현대적인 의미에 있어서의 과학은 발전되지 않았다."[14] 존 폴킹혼(John Polkinghorne) 교수는 창조에 대한 기독교 교리는 "과학적 기업의 생성에 본질적인 기반을 제공했다"[15]고 주장함으로써 뉴비긴의 관점을 강화시킨다. 역사가로서 허버트 버터필드(Herbert Butterfield)는 "과학은 그리스도인 사상의 산물이다"[16]라고 피력한다. 알리스터 맥그라스(Alister McGrath) 교수가 이 관점을 리처드 도킨스에게 전했을 때, 도킨스는 약간 놀라면서 "그것은 물론 역사적으로 타당한 관점일 수 있지요. 하지만 나는 판단할 만큼 역사에 대하여 충분히 알지 못합니다"[17]라고 답변했다. 얼마 전 도킨스와 존 레녹스(John Lennox) 사이의 논쟁에서 도킨스는 "과학은 종교적인

14) Lesslie Newbigin, 〈헬라인에게는 미련한 것이요〉(Foolishness to the Greeks), SPCK, 1986, p. 71.
15) John Polkinghorne, 〈하나의 세계〉(One World), SPCK, 1986, p. 1.
16) Herbert Butterfield, 〈근대 과학의 탄생〉(The Origins of Modern Science 1300-1800), The Free Press, 1957.
17) Richard Dawkins, 〈모든 악의 근원〉(The Root of All Evil) 1부: 만들어진 신.

전통에서 생겨난 것이 인정되어야 한다"고 말해 이제 이 관점을 인정한 것이 명백해졌다.[18]

역사상 종교는 과학의 원동력이었다. 하나님이 우주를 창조하셨다는 사실을 믿는다면, 과학적인 방법으로 세계를 탐구함으로써 당신은 창조 속에 있는 하나님 자신의 계시를 통하여 하나님에 대하여 더 많은 것을 발견하게 된다. 이 주장은 과거의 가장 걸출한 과학자들 중 상당히 많은 이들의 견해를 고려함으로써 더 촉진될 수 있을 것이다.

니콜라우스 코페르니쿠스(Nicolaus Copernicus: 1473~1543)는 수학적인 근거에 입각하여 지구가 태양 주위를 돈다는 사실을 제시함으로써 근대 천문학과 과학적 혁명의 기초를 구축하였다. 그는 프라우엔부르크(Frauenburg) 대성당의 참사회원으로서 폴란드 교회에 재직하였고, 하나님을 '가장 훌륭하고 가장 정연한 장인(匠人)'으로 묘사하였다.

갈릴레오 갈릴레이(Galileo Galilei: 1564~1642)는 수학자, 물리학자 및

---

18) Richard Dawkins, 〈만들어진 신〉, John Lennox와의 논쟁, 2007년 10월 3일, Birmingham, Alabama.

천문학자로서 근대 기계학과 실험 물리학의 창시자이다. 그는 지구가 우주의 중심이 아니라고 주장하였다. 그는 교회의 핍박을 받았음에도 불구하고, 경건한 가톨릭 신자로 "두 권의 위대한 책들, 즉 자연의 책과 초자연적 책인 성경이 있다"[19]고 피력하였다.

요하네스 케플러(Johannes Kepler: 1571~1630)는 초기의 뛰어난 천문학자이자 수학자였다. 그 또한 아주 신실한 루터교인이었고, "하나님을 따라서 하나님의 생각을 숙고하고 있다"[20]고 고백하였다.

로버트 보일(Robert Boyle: 1627~1691)은 그리스도인으로, 근대 화학의 선구자 중 한 사람으로 유명하였고, 자신의 이름을 붙인 '보일의 법칙'(Boyle' s Law)을 만들었다.

아이작 뉴턴 경(Sir Isaac Newton: 1642~1727)은 아마도 시대를 초월하여 가장 위대한 과학자일 것이다. 그는 과학서뿐 아니라 신학서도 썼는데, 신학서를 더 중요하게 여겼다. 그는 어떠한 과학도 성경의 신앙보다 더 잘 증명되지 않는다고 생각하였다.

---

19) Ibid.
20) Ibid.

마이클 패러데이(Michael Faraday: 1791~1867)는 19세기의 가장 탁월한 과학자 중 한 사람이었고, 그의 생애와 일에 가장 중요한 영향력을 끼친 것은 기독교 신앙이었다.

제임스 심슨 교수(Professor James Simpson: 1811~1870)는 스코틀랜드의 산부인과 의사로, 현재 마취제로 쓰이고 있는 클로로포름을 발견하였다. 한때 "당신의 생애에 가장 중요한 발견은 무엇이었습니까?" 란 질문에 대하여 그는 "가장 중요한 발견은 내가 예수 그리스도를 발견한 사건입니다" 라고 대답하였다.

루이 파스퇴르(Louis Pasteur: 1822~1895)는 저온 살균의 과정을 발견하여 미생물학계에 혁명을 일으켰다. 그는 "과학은 우리를 하나님께 더 가까이 접근하게끔 한다" [21]고 토로하였다.

그레고르 멘델(Gregor Mendel: 1822~1884)은 오스트리아의 식물학자이며 식물 실험가로서, 그의 유전 법칙 연구는 근대적 유전학의 기초를 쌓았다. 그는 사제, 수도사 및 자신이 많은 연구를 했던 수도원의 원장이었다. 그가 진실한 그리스도인이었다는 사실이 리처드 도킨스에게는 문제가 되었다. 왜냐하면 도킨스 자신의 과학 분야는

---

21) Ibid., p. 88.

멘델의 업적 위에 세워졌고, 대부 그레고르 멘델을 '유전학 최초의 천재' [22]로 칭송하기 때문이다. 하지만 도킨스는 멘델의 신앙을 변명하며 계속적으로 언급을 한다: "물론, 멘델은 종교적인 사람으로 어거스틴 수도사였다. 그런데 때는 19세기로, 수도사가 되는 것이 과학을 추구하는 가장 쉬운 길이었다. 그에게 수도사의 신분은 연구 보조금과 동등한 가치의 것이었다." [23] 이와 같이 도킨스는 멘델이 수도원으로 들어간 것을 자유로운 연구 활동을 위한 수단으로 본 것이다.

존 콘웰(John Cornwell)은 그의 책 〈다윈의 천사〉(Darwin's Angel)에서 도킨스의 말에 다음과 같은 반응을 보인다.

> 나는 사람들이 과학 연구 자금을 얻기 위하여 수도원에 들어간다는 것을 알지 못했다. 그렇게 나쁜 아이디어는 아닌 것 같다. 하루에 흡족한 식사(빈약하기는 하나), 방해를 받지 않는 장기간의 연구 프로그램을 추구할 수 있는 한없는 자유 시간. 그 얼마나 선견지명이 있는 결정이었겠나! 대부 멘델은 신앙생활을 하던 중 늦게 식물 생물학을 연구하게

---

22) Richard Dawkins, 〈만들어진 신〉(The God Delusion), Black Swan, 2007, p. 99.
23) Ibid.

되었다. 그리고 7년 후엔 철학, 신학 및 일반 과목들의 선
생으로 경력을 쌓았다.[24]

조지프 리스터(Joseph Lister: 1827~1912)는 무균 상태 외과 수술의 선
구자로 수천 명의 생명을 구하였다. 그는 온유하고 겸손한 사람으
로 그의 생애 내내 하나님의 인도하심을 받는다고 믿었다.

제임스 클러크 맥스웰(James Clerk Maxwell: 1831~1879)은 스코틀랜드
물리학자로, '전자석(Electro-magnetic) 이론'을 공식화한 업적으로 유
명해졌다. 과학의 본질적인 것에 대한 이러한 기여 때문에 그는 종
종 아이작 뉴턴과 알버트 아인슈타인과 같은 반열에 서기도 한다.
대부분의 현대 물리학자들은 그를 20세기 물리학에 지대한 영향력
을 행사한 19세기의 으뜸가는 과학자로 간주한다. 마이클 아티야
(Michael Atiyah: 케임브리지 트리니티 칼리지 학장, 1990~1991)는 "우리의 현대 기
술 사회는 컴퓨터에서부터 텔레커뮤니케이션에 이르기까지, 맥스
웰이 세운 토대에 확고하게 그 기초를 둔다"[25]고 확언한다.

---

24) John Cornwell, 〈다윈의 천사: 만들어진 신에 대한 천사의 반격〉(Darwin's Angel: An
   Angelic Riposte to the God Delusion), Profile Books, 2007, pp. 16-17.
25) Michael Atiyah, 〈맥스웰의 상을 조각하다〉(Creating a Statue of James Clerk
   Maxwell), The Royal Society of Edinburgh, 2007.

윌리엄 톰슨 켈빈 경(Lord William Thomson Kelvin: 1842~1907)은 10세에 글래스고대학교의 입학을 허가 받았고, 22세에 대학 교수가 되었다. 스코틀랜드의 엔지니어, 수학자 및 물리학자인 그는 당시의 과학 사상에 심오한 영향을 끼쳤다. 그는 '현대 물리학의 기초를 세우는 데 공헌한 영국 과학자 그룹 중 제일가는' 인물이었다. 그도 역시 그리스도인이었다.

이 모든 사람들은 기독교 신앙을 강하게 고수했던 과학자들이었다. 과학자들은 과거에만 기독교를 믿었는가? 오늘날은 어떠한가? 비평가들이 말하는 대로, 만약 과학과 종교가 명백하게 서로 상반된다면, 당신은 어떤 그리스도인 과학자도 만날 것이라 기대하지 못할 것이다. 하지만 도킨스는 미국에서 활동 중인 과학자 중 40퍼센트가 신앙인임을 인정한다: "1916년에 연구원들이 생물학자, 물리학자 및 수학자들에게 그들이 인간과 활발히 커뮤니케이션을 하는 하나님을 믿고 있는지, 또한 응답을 기대하면서 기도드릴 수 있는 하나님을 믿고 있는지 물어보았다. 약 40퍼센트에 해당하는 사람들이 긍정적으로 대답했다."[26] 거의 100년 후인 1997년 조사에서도 결과가 동일하다는 것이 밝혀졌다.[27] 오늘날 믿는 자들 중 저명

---

26) Francis Collins, 〈신의 언어: 유전자 지도에서 발견한 신의 존재〉(The Language of God: A Scientist Presents Evidence for Believe), Pocket Books, 2007, p. 4.
27) Ibid., p. 4.

한 과학자들이 상당수다. 리처드 도킨스는 익살맞게 영국 과학자들을 해고시키려고 한다: "동일한 세 분의 이름들—피콕(Peacocke), 스태너드(Stannard), 폴킹혼—은 디킨스 애호 변호사들의 회사에서 사장들과 친숙한 자들로 나타난다."[28] 그러나 과학자들은 그들의 이름이 디킨스 애호가처럼 들린다는 이유만으로 해고될 수는 없는 것이다. 존 폴킹혼은 원래 케임브리지대학교의 수리 물리학 교수였다가, 1986년에는 케임브리지대학교 트리니티 홀의 학장이자 교목이되었다. 그리고 1989년엔 케임브리지 퀸스칼리지의 학장이 된 뛰어난 과학자이다. 그는 신앙(특히 기독교 신앙)과 과학 사이의 관계에 관한 탁월한 책들을 저술했다.

리처드 도킨스는 존 휴턴 경에 대한 언급을 잊었다. 주도적 위치에 있는 이 영국 과학자는 14년 동안 정부간기후변화위원회(IPCC) 토론자단 작업 그룹의 공동 의장이었다. 휴턴은 처음으로 3개의 IPCC 보고서를 작성한 주 편집자로, 2007년에 IPCC는 미국 전 부통령인 앨 고어(Al Gore)와 함께 노벨 평화상을 공동 수상하였다. 휴턴은 옥스퍼드대학교의 전 환경 물리학과 학과장이었고, 메트 오피스(Met Office)의 전 최고경영자와 하들리 센터(Hadley Centre)의 창립자였다. 또한 그는 환경, 과학, 기독교를 연결하는 조직체인 '존 레이 이

---

28) Richard Dawkins, 〈만들어진 신〉(The God Delusion), Black Swan, 2007, p. 99.

니셔티브'(John Ray Initiative)의 회장이기도 하다. 그리고 '과학과 종교를 위한 국제 사회'(the International Society for Science and Religion)의 창립 회원이기도 하다.

미국에는 수천 명의 그리스도인 과학자들이 있다. '인간 게놈 프로젝트'(Human Genome Project)의 회장도 그리스도인 과학자이다. 그는 2천 명이 넘는 과학자들과의 공동 연구를 통하여 인간 유전자 30억 개의 글자들—우리 자신의 DNA 교육서—을 결정하였다. 그 글자들을 큰 소리로 읽는 데 31년이 걸릴 것이다. 이 정보는 우리 몸의 100조 개의 세포 하나하나 안에 들어 있다. 각 유전자는 약 5천 권의 책이 들어가는 서재를 가득 채울 수 있을 만큼의 충분한 정보를 포함한다. 하나의 몸 안에 있는 모든 염색체를 펼쳐 놓고 한쪽 끝과 다른 한쪽 끝을 이으면 1천억 마일이나 뻗어 나갈 것이다. 우리의 뇌 하나가 10억 개의 신경세포를 가지고 있다. 콜린스(Collins)는 "과학적인 세계관과 영적 세계관 사이의 충분히 납득이 가는 조화"[29]에 대하여 언급한다. 신앙의 원리는 과학의 원리와 상호 보완적인 것이다.

---

29) Francis Collins, 〈신의 언어: 유전자 지도에서 발견한 신의 존재〉(The Language of God: A Scientist Presents Evidence for Believe), Pocket Books, 2007, p. 6.

나는 콜린스가 2007년 미국 국가조찬기도회에서 설교했다는 소식을 들었다. 그는 다음과 같은 말로 그의 설교를 마무리했다.

이 설교를 끝내면서, 저는 일종의 모험을 해 보자고 제안합니다. 저와 함께 찬송가 한 곡을 부르자는 것이지요. 혹자는 노래 부르는 것이 이상하다고 생각할지 모릅니다. 왜냐하면 작년의 연사였던 록 스타 보노(Bono)가 정의와 세계 경제에 대하여 연설을 하고는 노래할 기회를 놓쳤지요. 그런데 올해의 연사는 세상물정 모르는 과학자인데, 노래를 부르자고 제안을 하고 기타를 치고 있으니 말입니다. 조찬기도회는 우리가 편안한 곳으로부터 벗어나게 되어 있는 자리이지요![30]

그 다음에 그는 일어나서 다음과 같은 노래를 불렀다.

때론 정신을 자극하고 어루만져 준
신앙과 학문의 원천을 칭송하라.
세계가 어떻게 고안되었는가를 분별할 열정을 가져라.
기적들을 목격하며 경이감이 넘치게 하라.

---

30) Francis Collins, 국가조찬기도회에서의 설교, Washington D. C., 2007년 2월 1일.

우리의 믿음이 영원토록 자라며
기도의 필요성을 새롭게 인식하라.

우리의 과학과 예술과 인간 지식의 넓이란
지혜의 하나님이 일부분의 진리를
나누어 주신 것임을 인정하노라.
우리의 계산을 초월하여 측량할 수 없는 깊이가 있으며,
거기에서 창조와 생명의 맥박을 주신
하나님의 목적이 발견되리.

강의 두 줄기가 서로 역류하다가
마침내 합류하여 견실한 흐름을 이룬다네.
우리의 신앙과 학문이 견고한 코스로 정해지고
하나로 합쳐질 때까지
오 하나님, 그 둘을 조화롭게 하소서.
그리하여 그 둘의 원천이신 하나님을 찬양하고
그분께 감사드리게 되도록.[31]

신앙과 과학은 나란히 공존할 수 있을까? 증거는 그럴 수 있다는
것을 명백히 드러낸다.

---

31) 〈Borrowed Light: Hymn Texts, Prayers and Poems〉, Oxford University Press, 2004.

II. 과학과 종교적 신앙 사이에 반대의 골이 깊은가?

리처드 도킨스는 "나는 과학자로서 과학과 신앙 사이에 반대의 골이 깊다고 믿는다"[32]라고 한다.

이 문제를 제기하기 전에, 과학 그 자체 내에 많은 불일치와 뚜렷한 반대가 있음을 주지하는 일이 중요하다.

과학과 종교 사이의 상충되는 영역들은 첫째로 기적이며, 둘째로 진화와 창조이다.

1. 기적

도킨스는 기적이란 '자연의 법칙을 위반하는 것' 이라는 철학자 흄(Hume)의 정의를 따른다. 그는 자연 법칙의 위반이란 있을 수 없

---

32) Richard Dawkins, 〈모든 악의 근원〉(The Root of All Evil).

는 일이라고 보기 때문에 기적을 부인한다.[33] 이것은 순환논법과 같은 것이다. 만약 자연의 법칙을 깨뜨리기가 불가능한 것으로 정의를 내린다면, 아무리 그 증거가 강할지라도 초자연적인 것은 처음부터 배제되기에 기적은 믿기 어렵게 되는 것이다.

1937년, 독일의 저명한 물리학자인 막스 플랑크(Max Plank)는 "기적에 대한 믿음은 확고한 과학적 힘 앞에서 점진적으로 양보를 해야 한다. 그리고 그것의 전적인 패배는 의심할 나위 없이 시간문제이다"[34]라고 피력하였다. 플랑크는 과학이 한때 기적이라고 생각했던 것을 설명하고 있는데, 그것은 사람들이 과거에 기적이라고 믿었던 것은 자연의 법칙을 충분히 이해하지 못했기 때문이다. 그런데 이것은 사실이 아니다. 예컨대, 우리처럼 모든 사람들이 알듯이, 예수님이 살던 시대에 처녀가 아기를 잉태하는 일은 '자연스럽지' 않다는 것을 알고 있었다. 그들은 또한 누군가가 사흘 동안 죽은 상태에 있다가 다시 살아나는 것도 '자연스럽지' 못한 것임을 알았다. 그들이 자연의 법칙을 알지 못했더라면 기적을 깨닫지 못했을 것이다. C. S. 루이스는 "자연의 법칙에 대한 무지에 관계없이 기적을 믿는다는 것은 그 법칙들이 알려졌을 때만 가능한 것이다"[35]라

---

33) David Hume, 〈기적에 관하여〉(On Miracles), 1748, p. 114.
34) Max Plank, 〈과학 자서전〉(A Scientific Autobiography), Williams and Norgate, 1959, p. 155.

고 토로한다.

그래서 기적에 관한 진짜 문제는 "하나님이 존재하는가?"로 나타난다. 하나님이 계신다면, 기적들은 정말로 일어날 가능성이 있는 것이다. 하나님이 하나님이시라면, 그는 물질, 이성, 시간, 공간 및 모든 과학적인 법칙들을 창조하셨다. 그러므로 그는 마음대로 간섭할 수 있으시다. 만약 하나님이 존재하지 않는다면, 기적은 해결하기 어려운 문제가 된다. 철학과 과학으론 하나님의 존재라는 중요한 질문에 대답할 수 없다. 과학적 법칙들은 깨뜨려질 수 없는 순수 수학의 법칙들과 같지 않다. 오히려 과학적 법칙들은 사실에 근거한 것이다. '기적'이란 단어는 '다른 방법으로 논증할 수 있는 자연 법칙이 반복될 수 없고, 사례도 되지 않는 것'으로 정의된다.[36]

기적의 문제는 도킨스의 〈만들어진 신〉에서도 제기된다. 왜냐하면 도킨스는 기적의 가능성을 믿지 않기 때문이다. 그는 결코 부활의 증거(후에 더 자세히 고려할 것임)를 논하지 않는다. 기적은 기독교의 가장 중요한 요소—그리스도인들이 믿는 합리적인 바탕—이다. 하지만 도킨스는 부활에 대하여 한 번도 숙고해 본 적이 없다.

---

35) C. S. Lewis, 〈기적〉(Miracles), Fontana, 1947, p. 51.
36) David Atkinson, 〈피난처의 날개〉(The Wings of Refuge), Inter Varsity Press, 1894, p. 13.

2. 진화와 부활

대립되는 두 번째 영역은 진화와 성경적인 창조 사건이다. 스티븐 호킹(Stephen Hawking: 이 세대에서 가장 뛰어난 과학자로 일컬어지는)은 "어떤 물리적 이론도 그것이 하나의 가정(물론, 중력의 법칙과 같은 이론들은 그것들을 지지하는 상당한 증거들이 있긴 하지만)이라는 점에서 잠정적일 뿐" 이라고 지적했다.

창세기에 대하여 신실한 그리스도인들이 주장하는 다른 해석들이 있다. 어떤 그리스도인들은 문자적으로 엿새 동안의 창조를 믿는다. 다른 그리스도인들은 창세기 1장을 다르게 해석하기도 한다. 그들은 히브리어의 '날' (yom: 욤)이 성경 내에서도 많은 다른 의미들을 가진다고 말한다. 태양이 나흘째에 출현했기 때문에 저자는 사실상 24시간을 뜻하지 않았다. '욤' 이라는 단어는 '오랜 기간의 세월' 을 의미할 수 있다. 그러므로 그것은 우주의 광대한 시간에 대한 유력한 과학적 견해와 상충되지 않는다. 또한 하나님이 진화 과정을 시작하셨을 뿐 아니라 그 과정 내에서 인간 생활의 극치를 이룬 제도를 만드시기 위하여 일하셨기에 점진적 진화와도 대립이 되지 않는다는 것이다. 그들은 과학적 지식이 없는 사람들에 의하여 기록된 창세기 1장의 연대기는 식물이 먼저 나오고 그 다음에 동물, 그리고 그 다음에 인간이 나왔다는, 진화론자들에 의하여 받아들여지는 것과 유사한 방법으로 되었다는 사실을 지적한다.

그러나 창세기의 목적은 무엇인가?(그리고 문학적 장르는 무엇인가?) 많은 그리스도인들은 창세기 1장을 과학적인 것으로 보기보다 신학적인 것으로 본다. 그리고 형식에 있어서도 시에 속한다고 본다. 시적인 형식은 진리의 표현을 불가능하게 만들지 않는다. 시의 진리는 버스 시간표의 진리와는 다르다. 시적 언어는 문자적으로 진실이 아니더라도 진리일 수 있다. 시편 기자는 "… 세계도 견고히 서서 흔들리지 아니하는도다"(시 93:1)라고 썼을 때, 그는 시적 이미지를 사용한 것이었다. 코페르니쿠스의 적수들은 이것을 문자적으로 해석하여 "지구가 움직이지 않고, 지구가 태양 주위를 돈다는 이론들은 잘못된 것임에 틀림없다"라는 오류를 범하고 말았다.

많은 그리스도인들은 동일한 방법으로 창세기의 앞 장들은 문자적으로 해석되어서는 안 된다고 생각한다. 그들은 대진화 이론에 대한 강력한 증거가 있다는 것과 화석 증거가 창세기 이야기에 대한 문자적 해석과 불일치한다고 주장하는 대다수의 과학자들에 의해 수락되고 있다는 것을 언급한다. 이 견해를 고수하는 자들이 중요하게 주장하는 바는 세월이 지남에 따라서 진화하여 인간에게서 그 절정을 이룬 물리학과 자연의 법칙을 창조하시고 유지하는 분은 하나님이라는 사실이다.

과학과 성경 사이에 반드시 갈등이 있을 필요가 없다는 것이다. 불확실성과 진실한 그리스도인들 간의 상이한 견해에 비추어 볼 때, 이 문제에 대하여 너무 독선적인 태도는 지혜롭지 못한 것이다 (나처럼 당신이 과학자도 아니고 신학자도 아니라면).

창세기 1장의 주요점은 '어떻게' 와 '언제' (과학적인 질문)란 질문에 대답하는 것이 아니다. '왜?' 와 '누군가?' (신학적인 질문)란 질문에 대답하는 것이다. 성경은 원래 과학적이 아닌 신학적인 책이다. 성경은 과학적인 설명 이상의 인격적인 것을 제공한다. 과학적인 설명은 인격적인 설명을 입증하거나 반증하지 않으며 보완적이다. 스티븐 호킹도 "과학은 우주가 어떻게 시작하였는가의 문제는 풀 수 있으나, 귀찮게도 왜 우주가 생겨났는가의 질문엔 대답할 수 없다"는 것을 인정했다.[37]

존 레녹스는 다음과 같은 예화를 사용한다.

내가 역사상 가장 거대한 케이크를 끌고 들어왔다고 가정해 보라. 내 앞에는 세상의 다양한 학문 분야에 있어서 쟁

---

37) Stephen Hawking, 〈블랙홀과 아기 우주〉(Black Holes and Baby Universes and Other Essays), Bantam Press, 1993.

쟁한 학자들이 앉아 있다. 나는 가장 우수한 분들을 골라서 그들에게 케이크를 분석해 달라고 말한다. 그러자 세계에서 최고 유명한 식품영양학자가 나와서 이 케이크에 든 여러 영양분의 균형에 대하여 이야기한다. 그 다음에 저명 생화학자가 생화학 차원에서 케이크를 분석한다. 그런 후 화학자는 "지금 이것을 만들어 낸 기초 화학 물질을 본격적으로 생각해 보자"고 말한다. 그 다음에 물리학자가 나와서 말한다: "네, 이분들이 당신에게 무엇인가를 말해 주었어요. 하지만 당신은 전자와 양자 및 쿼크를 알아야 해요." 그리고 마지막 단계는 수학자가 담당한다. 그는 "궁극적으로 당신은 이 케이크에 든 모든 전자와 양자의 움직임을 지배하는 기본적인 방정식을 이해할 필요가 있지요"라고 언급한다. 그들은 끝마쳤고, 케이크에 대한 굉장히 멋진 분석이 이루어졌다. 그 다음에 나는 그들을 둘러보고 말한다: "신사 숙녀 여러분, 한 가지 더 질문할 게 있어요. 왜 그 케이크가 만들어졌는가를 말해 주세요." 케이크를 만든 마틸다(Mathilda) 아주머니가 일어난다. 케이크를 만든 사람이 왜 그것을 만들었는가를 밝힐 각오가 되어 있을 때에야 비로소 그들은 그 이유를 이해하게 될 것이다. 그 어떠한 엄청난 과학적 분석도, 아무리 철저하며 상세한 것일지라도, 그 질문에 답변을 할 수 없을 것이다. 마침내 마틸다 아주머니가 말씀하신다: "이제 나는 여러분들을 궁지에서 해방시켜 줄 것이오. 나는 그 케이크를 나의 조카 조니—다음 주가 그의 생일이기 때문에—를 위하여 만들었다오."[38]

존 레녹스 박사는 이렇게 확언한다: "만약 창조주가 친히 말씀하려고 하지 않는다면, 우리가 사는 이 지구에 대한 어마어마한 과학적인 분석을 통해서도 당신은 왜 그것이 만들어졌는지 이유를 알지 못할 것이다. 엄청난 사실은 창조주께서 말씀하셨고, 그가 말씀하신 것이 창세기라는 것이다."[39] 그러므로 창조의 메커니즘을 묘사하려고 하는 진화와 창조의 의미를 밝히 드러내는 창세기 시이의 갈등은 불필요하게 되는 것이다.

미국 국립 과학원은 실체가 없는 갈등을 선언했다.

종교와 진화 사이에 나타난 갈등의 뿌리는 지식에 대한 종교 및 과학적인 방법 사이의 심각한 차이에 대한 오해이

---

38) 이 이야기의 원문을 보려면, John Lennox의 〈하나님의 장의사: 과학이 하나님을 매장하였는가?〉(God's Undertaker: Has Science Buried God?), Lion Hudson PLC, 2007, pp. 40-41.
39) Ibid.

다. 종교와 과학은 세계에 관한 다른 질문들에 대하여 답을 하고 있다. 우주의 목적이 있든, 혹은 인간 존재의 목적이 있든 간에 그것은 과학을 위한 질문은 아니다. 지식에 대한 종교적, 과학적 방법은 효력을 발하였고, 계속 그렇게 될 것이며, 인간 역사에서 의미심장한 역할을 하게 될 것이다 … 과학이란 자연 세계에 대하여 알아 가는 방식이다. 자연적인 요인을 통하여 자연 세계를 설명하는 데는 한계가 있다. 과학은 초자연적인 존재에 대해서 아무것도 말할 수 없다. 하나님이 존재하는가 그렇지 않는가는 과학이 중립을 취할 질문인 것이다.[40]

하버드대학교의 무신론자인 스티븐 굴드(Stephen J. Gould)는 도킨스를 제외하고 지난 세대에 가장 널리 읽혀진 대중의 대변인이다. 그는 다음과 같이 피력하였다.

과학은 그 합법적인 방법으로 자연에 대한 하나님의 감독 문제를 판결내릴 수 없다. 우리는 그것을 단언하지도, 부인하지도 않는다. 우리는 과학자들로서 그것에 대하여 무어라 말할 수 없다. 다윈 자신도 불가지론자였다. 위대한

40) Sam Harris, 〈기독교 국가에 보내는 편지〉(Letter to a Christian Nation), Bantam Press, 2007, pp. 62-63.

미국의 식물학자 아사 그레이(Asa Gray)는 경건한 그리스도
인이었다. 찰스 월코트(Charles D. Walcott)도 똑같이 확고한
그리스도인이었다. 나의 동료 중 절반이 터무니없이 어리
석거나, 그렇지 않으면 다윈주의의 과학은 전통적인 종교
적 신앙과 충분히 양립할 수 있으며 또한 무신론과도 동일
하게 뜻이 맞을 수 있을 것이다.[41]

프랜시스 콜린스는 "엄격한 과학자가 되는 것과 하나님을 믿는
사람이 되는 것엔 갈등이 존재하지 않는다"라고 말한다.[42] 그러므로
그는 다음과 같은 결론을 내린다: "무신론자가 되기를 선택하는 자
들은 그 입장을 취함에 있어서 다른 기초를 발견해야 한다. 진화는
효과가 없을 것이다."[43] 이 말을 함에 있어서 그는 역사상 가장 위대
한 과학자들의 의견에 동의한다. 아인슈타인은 "과학과 종교 사이
에 서로 상충하는 것은 존재하지 않는다"라고 단언하였다.[44]

---

41) Stephen J. Gould, 〈독단적인 판사를 탄핵하기〉(Impeaching a Self-Appointed Judge),
    Phillip Johnson, 〈재판 받는 다윈〉(Darwin on Trial), Scientific American, 267(1992),
    pp. 1180-21.
42) Francis Collins, 〈신의 언어: 유전자 지도에서 발견한 신의 존재〉(The Language of
    God: A Scientist Presents Evidence for Believe), Pocket Books, 2007, p. 6.
43) Ibid., p. 167.
44) 과학, 철학 및 종교, 심포지엄(Science, Philosophy and Religion, A Symposium), New
    York, 1941.

존 휴턴은 이렇게 언급한다: "과학이 하나님을 반증했다고 주장하는 데 있어서 도킨스와 다른 사람들은 과학이 어떤 것인가—사실상 그들은 과학을 오용하고 있음—의 범주 밖으로 나가고 있다 … 과학이 전체 이야기를 다 해 준다고 생각한다면, 그것이야말로 지극히 시야가 좁은 견해일 것이다."[45]

과학과 종교적 신앙 간에 심히 상반되는 것이 반드시 존재하겠는가? 증거는 그렇지 않다고 알려 준다.

45) John Houghton, '위대한 과학, 위대한 하나님' (Big Science, Big God), 〈The John Ray Initiative〉, JRI Briefing Paper No. 15, pp. 4-5.

III. 과학은 충분한가?

리처드 도킨스는 모든 질문이 과학에 의하여 답해질 수 있다고 생각한다. 하지만 그와 대조적으로 알버트 아인슈타인은 "종교 없는 과학은 절름발이이며, 과학 없는 종교는 맹신적인 것이다"라고 설파하였다.[46] 그는 그 둘이 서로 상호 의존적이라고 주장한다. 성경에서 시편 기자는 다음과 같이 표현한다.

> 하늘이 하나님의 영광을 선포하고
> 궁창이 그의 손으로 하신 일을 나타내는도다
> 날은 날에게 말하고 밤은 밤에게 지식을 전하니
> 언어도 없고 말씀도 없으며 들리는 소리도 없으나
> 그의 소리가 온 땅에 통하고 그의 말씀이 세상 끝까지 이르도다
> 하나님이 해를 위하여 하늘에 장막을 베푸셨도다
>
> (시 19:1~4)

---

46) Ibid.

시편 기자는 하나님이 자기 자신을 창조 세계에 계시하셨다고 믿는 믿음을 표현한다. 이것은 더 나아가 "여호와의 율법은 완전하여 영혼을 소성시키며 여호와의 증거는 확실하여 우둔한 자를 지혜롭게 하며"(시 19:7)로 진전된 것을 본다. 우리는 창조 속에서 하나님의 계시를 탐구하는 과학자들과 성경 속에서 하나님의 계시를 탐구하는 신학자들을 공히 필요로 한다. 그렇게 함으로써 우리는 물리적 과학이 홀로 해답을 줄 수 없는 질문에 대한 답을 얻을 수 있는 것이다.

'과학'의 원래 의미는 지식을 의미하는 'scientia'라는 라틴어로부터 유래된 것이다. 그것이 바로 신학이 '과학의 여왕, 여왕은 모든 지식을 포용한다'[47]로 간주되어지는 이유이다. 그러나 도킨스는 신학이란 연구할 가치 있는 과목이 아니며, 대학교에서 신학을 가르쳐서는 안 된다고 생각한다. 하지만 신학은 처음부터 도킨스가 그렇게도 강조하는 자연 과학과 더불어 모든 과학을 포함시켰다.

도킨스는 '과학'을 협의의 정의로 논하였다. 이때 과학만으로 대답할 수 없는 심각한 질문들이 생기게 된다.

---

47) Science, Scientia, Knowledge: '앎의 상태나 사실', 〈New Shorter English Dictionary〉.

1. 어떻게 '무'(無) 대신에 '무언가'가 존재하는가?[48]

　무신론자들까지도 이 질문에 대한 대답을 알지 못한다고 생각한다. 샘 해리스는 "진리란 우주가 어떻게, 왜 생겼는가를 아무도 모른다는 것이다 … 지적으로 정직한 자라면 그 누구도 우주의 존재 이유를 알지 못한다는 것을 시인할 것이다"라고 말했다.[49] 도킨스는 채널 4 프로그램인 〈모든 악의 근원〉에서 "과학은 우주의 기원을 설명하지 못하였다"고 인정했다.[50] 위대한 과학자 루드비히 비트겐슈타인(Ludwig Wittgenstein)은 "세상이 어떠하기 때문이 아니라, 세상 그대로의 모습이 신비스러운 것이다"[51]라고 말했으며, 알리스터 맥그라스는 "세계에 대한 한 가지 피할 수 없으며 정말 있음직하지 않은 사실은 곰곰이 생각하는 인간으로서 우리가 여기에 존재한다는 것이다"[52]라고 말했다. 노벨 의학상 수상자요, 합리주의자(도킨스처럼)로 자인하는 옥스퍼드대학교 면역학자인 피터 메더워(Peter

---

48) "아무것도 없는 것이기보다 무엇인가가 존재하는 이유는 무엇인가?"(Why is there something rather than nothing?)라는 이 질문은 독일의 철학자이며 수학자인 라이프니츠(Godfrey Liebniz)가 제기한 질문이었다.

49) Sam Harris, 〈기독교 국가에 보내는 편지〉(Letter to a Christian Nation), Bantam Press, 2007, pp. 73-74.

50) Richard Dawkins, 〈모든 악의 근원〉(The Root of All Evil) 1부: 만들어진 신.

51) John Cornwell, 〈다윈의 천사: 만들어진 신에 대한 천사의 반격〉(Darwin's Angel: An Angelic Riposte to the God Delusion), Profile Books, 2007, p. 151.

52) Alistair McGrath with Joanna Collicut McGrath, 〈도킨스의 망상〉(The Dawkins Delusion?), SPCK, 2007, p. 10.

Medawar)는 다음과 같이 피력한다.

> 과학에 한계가 있다는 사실은 과학이 대답할 수 없는 질문
> 들이 존재하는 것으로 드러나며, 아무리 과학이 발달하더
> 라도 대답할 능력이 없을 것이다 ⋯ 나는 다음과 같은 질
> 문을 마음속에 가지고 있다: '만물이 어떻게 시작했을까?
> 우리 모두는 무엇 때문에 여기에 존재하는가? 인생의 목
> 적은 무엇인가?' [53]

이 논쟁은 다섯 살 먹은 어린이가 "하나님을 누가 만들었어요?"
라고 묻는 질문에서 시작할 수 있다. 더 묘한 방법으로, 도킨스가
개입한 논쟁에서 그는 "하나님이 존재한다고 가정한다면, 누가 하
나님을 창조하였을까?"라고 질문한다. 하지만 그리스도인으로서
우리가 믿는 하나님은 창조된 분이 아니다. 그는 스스로 존재하는
하나님, 자신을 "스스로 있는 자"라고 밝히시는 분이시다. 하나님
은 초월적인 존재이다. 거기에 언제나 계셨던 영원한 하나님의 존
재는 분명 이해하기 어려운 개념이다. 그러나 우리가 보는 만물이
무에서 나타난 것이라고 하는 도킨스의 의견은 이해하기 더 어렵

---

53) Peter Medawar, 〈과학의 한계〉(The Limits of Science), Oxford University Press, 1985,
    p. 66.

다. 우리는 이런 질문을 던지고 싶을 것이다: "하나님이 무에서 유를 창조하셨다는 것, 혹은 무가 무에서 무엇인가를 창조했다는 것 중에서 어느 것이 더 믿기 쉬운가?"

프랜시스 콜린스는 이렇게 말한다: "자연이 어떻게 스스로 창조할 수 있는지 이해할 수 없다. 공간과 시간 밖의 초자연적인 힘이 그 일을 이룰 수 있었을 것이다."[54] 그는 계속해서 말한다.

> 과학이 무신론을 필요로 한다는 도킨스의 주장에 있어서 중요하며 피할 수 없는 결점은 증거가 없다는 것이다. 하나님이 자연 밖에 계신다면, 과학은 하나님의 존재를 입증할 수도 반증할 수도 없다. 그러므로 무신론 그 자체는 순수한 이성의 기초 위에서 변호될 수 없는 신앙 체제를 채택한다는 점에서 맹목적인 신앙의 한 형태로 간주되어야 한다.[55]

---

54) Francis Collins, 〈신의 언어: 유전자 지도에서 발견한 신의 존재〉(The Language of God: A Scientist Presents Evidence for Believe), Pocket Books, 2007, p. 67.
55) Ibid., p. 165.

2. 어떻게 우주가 그렇게도 훌륭하게 조화를 이루는가?

우주의 가장 뛰어난 특성 중 하나는 그것이 놀랍게 조화를 이룬다는 사실이다. 스티븐 호킹은 다음과 같이 피력한다.

> 만약 빅뱅(대폭발)이 일어난 지 1초 후 우주의 밀도가 1조 분의 일만 더 높았더라면, 우주는 10년 후에 재붕괴되었을 것이다. 반면에, 그 당시 우주의 밀도가 같은 양으로 낮았더라면, 우주는 그것이 약 10년쯤 되었기 때문에 본질적으로 진공 상태에 있었을 것이다. 어떻게 처음부터 우주의 밀도가 그렇게 세심하게 정해졌을까? 아마도 우주가 극히 정확한 밀도를 가져야만 하는 이유가 있을 것이다.[56]

폴킹혼 박사는 너무나 정교하게 조화를 이루고 있는 우주의 형세를 다음과 같이 설명한다.

> 우주의 초기 팽창에 있어서 팽창 에너지(물체를 서로 벌어지게 하는)와 중력(물체를 서로 끌어당기는)의 힘 사이에 면밀한 균형이 있어야만 한다. 팽창이 지배하면, 물질은 은하수

---

56) Stephen Hawking, 〈타임〉(The Times), 1993년 9월 6일.

와 별들로 응축되어 자리를 잡기보다 더 빨리 분리되고 말
것이다. 어떤 흥미로운 일도 그렇게 급속하게 퍼져 나가는
세상에선 일어날 수 없을 것이다. 반면에, 중력이 지배하
면, 생명의 과정이 진행될 시간이 있기 전에 다시 세상은
붕괴하고 말 것이다. 물질이 존재하려면 팽창과 수축의 영
향력 사이에 균형을 요구한다. 그런데 그것은 우주 역사의
아주 이른 시기(플랑크 시간)에는 10의 60제곱 분의 1정도
달라야만 한다. 수리적 지식이 있는 사람들은 그 엄청난
정확도에 감탄할 것이다. 하지만 숫자에 그리 밝지 않은
자들을 위해선 폴 데이비스(Paul Davis)의 설명이 필요할 것
이다. 데이비스는, 그것은 마치 2백억 광년 멀리에서 관찰
할 수 있는 우주 다른 면의 1인치 넓이에 있는 과녁을 겨
냥하여 그 중심점을 맞추는 것과도 같다고 지적한다![57]

호킹은 이렇게 언급한다: "빅뱅처럼 거대한 것이 어떤 것으로부
터 우주에 나타난다는 것은 생각지도 못할 일이다. 나는 명확히 신
앙적인 의미가 있다고 생각한다."[58]

---

57) John Polkinghorne, 〈하나의 세계〉(One World), SPCK, 1986, p. 57.
58) Stephen Hawking, 〈시간의 역사〉(A Brief History of Time), New York, Bantam Press, 1998, p. 63.

리처드 도킨스는 이 문제를 인정하면서 "… 물리학의 법칙과 질량 불변의 법칙이 조금만 달랐더라도 우주는 생명이 있을 수 없는 방식으로 발전했을 것이다"에 동의한다.[59] 그런데 하나님의 개입을 배제한다면, 그는 이 문제를 어떻게 다룰 수 있겠는가? 우주의 창조는 그냥 일어날 수 없다. 하지만 우주가 생기기까지 수많은 시도가 있었다는 사실은 인정한다. 우주가 팽창과 수축을 거듭하면서 마침내 정확하게 올바른 상태에 도달했는데, 과학이 그 가능성을 무시했다고 말이다. 그가 제시하는 또 하나의 다른 가능성은 수십억 개의 우주가 존재하였고, 이 우주가 그 가능성을 정확히 올바르게 이해시켰다는 것이다.[60] 하지만 도킨스가 '다수의 우주'설을 선택한다면, '수십억 개의 우주가 존재한다'는 증거는 무엇인가? 이것이야말로 맹목적 신앙에 근거한 이론임에 틀림없다.

3. 왜 과학은 우리의 가장 깊은 내면의 필요들을 채울 수 없는가?

과학은 굉장히 중요하고 가치 있는 것이다. 하지만 생명이 물질로 환원되기 때문에 '생명은 무의미하다'는 환원주의적 인생관을

---

59) Richard Dawkins, 〈만들어진 신〉(The God Delusion), Black Swan, 2007, p. 141.
60) Ibid., pp. 145-147.

취한다면, 당신은 도킨스가 내리는 것과 동일한 결론에 이를 것이다. 도킨스는 "내가 죽으면 썩어서 내 자아의 아무것도 남아 있지 않을 것이다"[61]라고 말한 버트란드 러셀의 말을 인용한다. 러셀의 딸인 캐서린 테이트(Katharine Tait)는 〈나의 아버지 버트란드 러셀〉(My Father Bertrand Russell)에서 "내 아버지 생각의 뒤편 어딘가에, 그의 마음의 밑바닥에, 그의 영혼의 깊은 곳에 한때 하나님에 의하여 채워졌던 진공이 있었으며, 그는 결코 거기에 넣을 다른 어떤 것도 발견하지 못하였다"고 말한다.[62]

생명이란 자연 과학으로만 환원되어질 수 없는 것이다. 음악을 고찰함에 있어서 폴킹혼은 다음과 같이 논한다: "객관주의적 설명의 빈곤은 음악의 신비를 고려할 때 너무나 명백해진다. 과학적인 관점에서 볼 때, 음악은 고막에 영향을 미치고 뇌의 신경 흐름을 자극하는 공기의 진동에 지나지 않는다 … (그러나) 과학은 지식을 얻는 유일한 방법이 아니다." 존 험프리(John Humphrys)는 그의 책 〈하나님 안에서 우리는 의심한다: 실패한 무신론자의 고백〉(In God We Doubt: Confessions of a Failed Atheist)에서 도킨스의 무신론을 비판한다.

---

61) Ibid., p. 354.
62) J. John, 〈인생이 무엇을 의미하는가〉(Life Means What?), Hodder & Stoughton, p. 13.

리처드 도킨스와 같은 생물학자들은 대부분 우리의 몸이 어떻게 작용하며, 어떻게 발전하였는가에 대하여 우리가 아는 것의 천 배 이상을 알고 있다 … 하지만 다른 신비스러운 속성이 존재하는데 그것에 대해선 너무나 많은 과학자들이 이상하게도 흥미를 느끼지 않는다. 우리의 영혼, 우리의 영, 우리의 양심, 혹은 당신이 그것을 무엇이라 부르든 … 우리는 우리의 유전자—이기적이거나 혹은 다르게—의 총계 이상의 존재이다.[63] 우리는 그 고결함 속에서 비이기적인 사랑, 희생 및 우리의 의식적인 이해를 초월한 그 무엇 속에서 영적 요소를 느낄 수 있는 것이다.[64]

험프리는 영국국교회 목사인 자일즈 프레이저(Giles Fraser)의 글을 다음과 같이 인용한다.

내가 알기에 결혼과 더불어 사랑의 헌신은 신앙에 가장 근접한 일이다. 왜냐하면 그것은 동일한 정도의 모험을 통해 이루어지는 것이기 때문이다. 도킨스는 사랑을 하나의 소설로, 인간 필요의 기능으로, 생물학과 이기적인 유전자

---

63) John Humphrys, 〈하나님 안에서 우리는 의심한다: 실패한 무신론자의 고백〉(In God We Doubt: Confessions of a Failed Atheist), pp. 280-1.
64) Ibid., pp. 321-2.

의 기능으로밖에 옹호할 수 없었던가? … 사랑이 단순히 뇌의 화학으로 환원될 수 있다는 치명적인 잘못을 범하고 있는 것이다.[65]

과학적으로 키스는 탄산가스와 세균을 서로 교환하면서 두 개의 입술을 함께 포개는 것일 뿐이다. 그런데 키스의 의미가 그것 전부라면 아무도 키스를 하지 않을 것이다. 분명히 키스란 그것 이상의 것이며, 사랑 또한 그 이상의 것이다. 과학적 정의는 키스나 사랑이나 영적 세계에 대하여 정당한 평가를 하지 못한다. 필립스(J. B. Philipps)는 이렇게 진술한다: "과학적 사고를 하는 자들에게는 불행한 일이겠지만, 하나님은 순수하게 과학적 방법으로 발견되지 않거나 혹은 실증될 수 없는 존재이다. 그 방법은 아무것도 입증해 내지 못하며, 다만 잘못된 도구가 그 일에 사용되고 있다는 것을 의미할 따름이다."[66]

나는 자라나는 동안 그리스도인으로 양육 받지 못했다. 수년간 나는 무신론자였으며, 리처드 도킨스가 믿는 것을 나 또한 믿고 있었다(훨씬 덜 교묘한 방법이긴 했지만). 나는 세상은 우리의 환경과 우리의

---

65) Ibid., pp. 310-1.
66) J. B. Philipps, 〈수집된 금〉(Gathered Gold), Evangelical Press, 1984.

유전자에 의하여 결정된다고 믿었던 것이다. 나는 비이기적인 사랑과 같은 것은 없다고 생각했다. 후에 나는 예수님에 대한 증거를 찾은 후 그분을 믿게 되었다. 도킨스는 누군가가 그리스도인이라는 유일한 이유는 그들이 그러한 식으로 가르침을 받았기 때문이라고 말한다. 그는 그리스도인 신앙을 산타클로스—당신이 어렸을 때 배운 것이지만 자라면서 믿지 않게 되는—를 믿는 것에 비유한다. 그러나 당신은 얼마나 많은 사람들이 이전에 산타클로스의 존재를 믿지 않았었는데 어른이 되어서 믿게 되는지를 아는가? 그리스도를 믿는 믿음은 그런 유의 것이 아니다. 도킨스는 후에 회심한 그리스도인들을 어떻게 설명하겠는가?

나는 예수님을 믿게 되었을 때, 인생에 대하여 전에 생각했던 것보다 훨씬 더 많은 것이 있다는 것을 경험하였다. 나의 신앙이 나의 사고를 차단시키지 못했다. 나는 세계가 하나님에 의하여 창조되었음을 깨달았기 때문에 오히려 훨씬 더 많은 관심을 갖기 시작했다. 하나님과의 관계는 세상에 대한 새로운 매력을 느끼게 했고, 훨씬 더 큰 가치가 있는 것으로 보게 했다. 나는 모든 인간은 하나님에 의하여 창조된 개별적인 존재이기 때문에 인간 개개인에 대한 새로운 가치를 발견했다. 나의 신앙은 다른 사람들에 대한 새로운 사랑과 세상의 필요에 대하여 무엇인가를 하고 싶은 새로운 열망을 갖게 해 주었다. 진리이시며 만물을 창조하신 예수 그리스도를 아는 것보다 이 세상에서 더 위대한 일은 없다. 도킨스와 같은 유명한 무신론자들이 쓴 책들을 읽으면서 내가 예수 그리스도와의 관계를 수립한 것과 인생의 의미와 목적을 발견하게 된 것에 대하여 더욱 더 깊은 감사를 드린다.

2장

•

신앙은 유익보다는 해악을 끼치는가?

Does Religion Do More Harm Than Good?

런던의 홀리 트리니티 브롬프톤(Holy Trinity Bromptom) 교회는 화요일 아침, 교회의 다양한 그룹들을 위한 기도 모임을 가진다. 최근엔 정치 및 공직에 종사하는 사람들을 위한 기도회로 모였다. 그룹 중엔 4명의 하원 의원, 2명의 고위 경찰, 다른 경찰들 및 외국 공관 직원과 공직자들이 있었다. 기도회 후 함께 이야기하는 가운데 오늘날 그리스도인들이 공직에서 근무할 때 어려움이 있다는 것을 알게 되었다. 한 공무원은, 그의 상사가 영국 인본주의 협회의 회원이자 도킨스의 견해를 열렬히 옹호하는 자라고 말했다. 그는 신앙인들은 공직자가 되어서는 안 된다고 생각하는 자로, 얼마 전 채용 위원회에 임명이 된 상태이다. 최근 자유민주당 하원 의원은 과학과 기술 위원회에 증거를 제출한 기독교 의학 협회의 회원들이 하는 말은 종교적 신념에 영향을 끼친다고 비평하면서 그들을 공격했다. 실제로 이것은 그리스도인들이 제출한 과학적 증거가 과소평가될 수 있다는 것을 의미한다. 사실상 우리의 모든 관점은 그것이 인본주의자, 무신론자, 그리스도인 혹은 무슬림 등의 것이든 간에 우리의 신넘에 의해 영향을 받는다.

많은 사람들이 학교 및 그들의 전문직 현장에서 신앙에 대한 일반인의 반감이 증가일로에 있음을 목격하게 된다. 많은 사람들은 오늘날 교육 분야, 사법계, 의료계 및 다른 일터에서 그리스도인으로 생활하는 것이 정말로 힘들다고 고백했다. 현실에서 장애물을 만나지 않고 그리스도인의 신앙을 실천하기란 거의 불가능하다는 것이다. 이렇게 적대감이 더해 가는 것은 우리 사회에선 비교적 새로운 현상이다. 토비아스 존스는 〈가디언〉(The Guardian) 지에서 "수년 전까지 종교는 약한 마약과도 같은 것이었다. 즉, 몰래 사용하면 눈감아 주지만 거래하는 것이 붙잡히면 당신에게 재앙이 덮칠 것이다"[67]라고 말한다. 시대정신은 변화하고, 이론의 여지는 있지만, 서구 그리스도인들은 4세기 콘스탄틴 이후 처음으로 뒷걸음질치고 있는 듯하다. 더 이상 교회는 훌륭하며, 지역 사회에 유익한 것으로 여겨지지 않는다. 이 현상은 "신앙이란 정말로 좋은 것인가? 그렇지 않으면 실제로 해를 끼치는 것인가?" 라는 질문을 야기한다. 이 논쟁은 우리의 사회, 교회 및 보통의 그리스도인들에게 큰 의미를 던져 준다.

---

67) Tobias Jones, "세속적인 근본주의자들은 새로운 전체주의자들이다"(Secular funda-mentalists are the new totalitarians), 〈The Guardian〉, 2007년 1월 6일 토요일.

"과학은 하나님을 반증하는가?", "종교는 유익이 되기보다는 해악을 끼치는가?" 그리고 "신앙은 비합리적인가?"라는 질문은 모두 "신앙은 진실한 것인가?"라는 근본적인 질문으로 귀착된다. 리처드 도킨스는 종교는 참된 것이 아니며, 하나님은 망상이라고 주장한다. 하지만 그는 이 이상의 것을 이야기하고 있는 것이다. 어떤 이들은 그에게 이렇게 말한다: "좋아요. 종교는 진짜가 아니지요. 그러나 신앙이란 사람들을 더 행복하고 더 선하게 해 주기 때문에 확실히 좋은 것이지요. 그러니까 사람들을 그대로 두는 것이 어떨까요?" 이 질문에 도킨스는 "글쎄요. 진리를 받아들이는 것은 그릇된 희망보다 더 낫겠지요"라고 응답했다. 그런데 그 대답엔 우리도 동의할 것이다. 하지만 그는 계속해서 "신앙은 사람들을 선하게 만들지 않는다"라고 말하며, "신앙은 세상의 거대한 악 중의 하나이다"[68]라고 실제로 믿고 있다. 종교에 관한 도킨스의 채널 4 다큐멘터리는 '종교는 모든 악의 근원'이라고 설명한다. 9.11 테러 사건은 이 사실을 강력히 지지하고 싶도록 만들었다고 주장하면서 이슬람교에 대해선 유독 비판적이다.

도킨스는 공격 대상을 이슬람교에 제한시키지 않는다. 그는 성

---

68) Richard Dawkins, "과학은 종교인가?"(Is Science a Religion?), 〈The Humanist〉, 57 (1997), pp. 26-29.

경의 하나님은 '악한 괴물'이며, 종교적인 사람들은 선을 행하기보다 훨씬 더 많은 해를 끼친다는 근거로 기독교에 맹렬한 공세를 퍼붓는다. 도킨스는 종교란 세상의 무서운 악 중 하나이며, 자녀들을 신앙으로 키우는 것은 결과적으로 아동 학대의 한 형태라고 단언한다. 그는 우리의 사회로부터 종교를 근절시키기 위하여 가능한 모든 일을 할 필요가 있다고 믿는다.

도킨스의 공격은 일반적인 종교에 관한 것이다. 하지만 나는 기독교에 대한 그의 공격에 초점을 두길 원한다. 나는 다른 종교들을 옹호하거나 공격하지 않는다.

C. S. 루이스는 다음과 같이 피력한다.

> 당신이 그리스도인이라면 다른 모든 종교들이 전적으로 잘못되었다고 믿을 필요는 없다. 무신론자라면 당신은 전 세계 모든 종교의 골자는 하나의 거대한 실수라고 믿으면 된다. 그리스도인으로서, 당신은 모든 종교들은, 심지어 가장 기묘한 것일지라도 적어도 약간의 진리는 포함하고 있다고 보아도 좋을 것이다. 내가 무신론자였을 때, 대부분의 인간은 그들에게 가장 중요하게 여겨지는 질문에 대하여 항상 잘못 생각하고 있다고 나 자신을 설득시켜야만

했다. 내가 그리스도인이 되었을 때, 나는 더 자유로운 견
해를 취할 수 있었다.[69]

"기독교 신앙은 선을 행하기보다 더 많은 해를 가져왔는가?"라
는 질문에 대답함에 있어서, 나는 종교의 잠재적인 폐해에 대한 여
섯 가지 요소들에 동의함으로써 시작하려고 한다.

1. 자칭 무신론자들이 어떤 종교, 예컨대, 마귀를 경배하는 악마
   교는 위험하고 해로울 수 있다고 말할 때 그것은 맞는 말이다.

2. 9월 11일 뉴욕의 트윈 타워를 공격했던 테러 사건은 종교라
   는 미명하에 자행되었다고 할 때 그들의 말이 옳다.

3. 십자군 전쟁 같은 무서운 일이 기독교의 이름으로 일어났다고
   비판한다면, 그것도 맞다(과학자인 프랜시스 콜린스는 "신앙을 공언하는
   자들의 가설적인 행동은 … 우리는 영적 진리의 순수한 물은 인간이라고 하는 부
   패한 용기에 담겨서 운반된다는 사실을 명심할 필요가 있다"라고 말한다).[70]

---

69) C. S. Lewis, 〈순전한 기독교〉(Mere Christianity), Fount, 1952, p. 39.
70) Francis Collins, 〈신의 언어: 유전자 지도에서 발견한 신의 존재〉(The Language of God: A Scientist Presents Evidence for Believe), Pocket Books, 2007, p. 231.

4. 성경 중 특히 구약성경의 난해한 구절들은 해석하기에 힘든 과제라고 그들이 말하는 것도 옳다.

5. 가혹할 정도의 종교 교육이 있다고 그들이 평한다면, 그것도 옳다고 생각된다.

6. 그들이 "종교는 선을 행하기보다 더 많은 해를 끼치는가?"라는 질문을 던지는 것도 마땅하다. 물론 이것은 "그것은 진리인가?"라는 질문보다 부차적인 것이다. 하지만 그것은 제기해야 할 중요한 질문이다. 왜냐하면 기독교가 선을 행하기보다 해를 더 많이 끼칠 때, 그것이 진리라고 한다면 놀라움을 금치 못할 것이기 때문이다. 반면에 기독교가 해보다 더 선한 영향을 미친다면, 그것이 진실된 것이 아니더라도 우리가 기대하는 바에 들어맞을 수 있다.

이러한 주장들에 대한 증거를 고려해 보고 다시 세 가지의 중요한 질문들을 제기하기로 한다.

I. 성경의 하나님은 진짜로 '악한 괴물' 인가?[71]

리처드 도킨스는 성경의 하나님을 괴물이라고 생각한다.

이론의 여지는 있지만, 구약성경의 하나님은 모든 소설에 등장하는 인물 중 가장 불쾌한 존재이다. 질투하며, 자랑하며, 보잘것없고, 불공평하며, 용서하지 않고, 지배적이며, 변호적이며, 잔인한 인종 청소자로, 여성을 싫어하며 동성애를 혐오하는 인종 차별주의자이고, 유아 살해자, 집단 학살자, 자식 살해자, 역병 발생자, 과대망상자, 변태 성욕자, 변덕스럽게 악을 자행하는 골목대장이다.[72]

존 험프리가 지적하듯이, 도킨스는 형용사를 동원하기 위해 사전을 샅샅이 뒤졌을 것이다.[73] 다른 누군가가 "하나님께서 이것에 응답하시리라 기대하지 말자"[74]라고 언급했다. 물론 성경, 특히 구

---

71) Richard Dawkins, 〈만들어진 신〉(The God Delusion), Black Swan, 2007, p. 248.
72) Ibid., p. 31.

약성경엔 이해하고 해석하기에 극히 어려운 부분들이 있다. 하지만 이러한 도전은 새로운 과학적인 발견이 아니다. 난해한 구절들은 늘 거기에 존재했고, 이전에도 논쟁거리가 되었다. 200년 전의 한 사례를 들어 보기로 하자. 1795년 토마스 페인(Thomas Paine)은 〈이성의 시대〉(Age of Reason)에서 도킨스의 것과 유사한 단어들을 사용했다.

> 우리가 읽을 때마다 … 잔인하고 왜곡된 사형집행, 가차 없는 보복이 성경의 반 이상을 차지하기 때문에 하나님의 말씀이라기보다 마귀의 말이라고 일컫는 것이 더 맞을 것이다. 성경은 인류를 부패시키고 잔인하게 만든 악의 역사이다. 그리고 나는 잔인한 것은 어떤 것이든 증오하기 때문에 그것을 정말 싫어한다.[75]

자 이제, 우리는 어떻게 응답할 것인가?

73) John Humphrys, 〈하나님 안에서 우리는 의심한다: 실패한 무신론자의 고백〉(In God We Doubt: Confessions of a Failed Atheist), p. 145.
74) Alvin Plantinga.
75) Thomas Paine, 〈이성의 시대〉(Age of Reason), 1795, Brian McLaren, 〈모든 것이 변해야 한다〉(Everything Must Change)에서 인용됨. (Nelson Books, 2008), p. 157.

1. 성경 전체의 증거를 고찰하라

이 무신론자들이 비판하기 위해 선택한 성경 구절들은 단 몇 개에 불과하다. 예컨대, 리처드 도킨스가 충격으로 받아들인 모세오경의 말씀은 나그네에 대한 용서, 자비 및 친절을 나타내며, 유아희생을 금지하는 다른 구절들과 함께 기록되었다. 그럼에도 불구하고, 그는 그것들을 무시하는 쪽을 선택한다. 도킨스는 위대한 선지서들도 모두 무시하는데, 거기엔 사회 정의와 가난한 자들을 돌보는 일에 대한 많은 말씀들이 있다. 그는 잠언의 지혜, 시편의 아름다운 시들도 묵살해 버린다. 성경에는 세계적으로 가장 탁월한 문학서― '계속적으로 도덕적 가치에 대한 인간의 질문을 구체화하고 촉구하는 통찰력' [76]―도 상당수 포함되어 있다.

나는 그리스도인이 된 후(30여 년 동안) 해마다 성경 전체를 읽으려고 온 힘을 기울인다. 하지만 나는 도킨스가 묘사하는 그러한 하나님을 인지할 수가 없다. 그가 말하는 하나님을 결코 믿지 않는다. 내가 성경에서 발견하는 하나님은 완전히 다르다. 그는 사랑의 하나님이시다. 우리를 향한 그의 사랑은 부모가 자식을 사랑하는 것

---

76) Alistair McGrath with Joanna Collicut McGrath, 〈도킨스의 망상〉(The Dawkins Delusion?), SPCK, 2007, p. 53.

과 같은 사랑이다. 공의와 사랑의 하나님, 인자와 자비의 하나님, 긍휼과 은혜의 하나님이시다(시편 103편 11~13절을 보라).

성경 읽기는 학문적인 과제를 푸는 것이 아닌 관계의 표현이다. 믿음이란 성경을 통하여 우리에게 말씀하시는 하나님을 신뢰하는 일에 관한 것이다. 하나님은 성경 말씀에서 자신을 계시하셨다. 예수님은 "너희가 성경에서 영생을 얻는 줄 생각하고 성경을 연구하거니와 이 성경이 곧 내게 대하여 증언하는 것이니라"(요 5:39)고 말씀하셨다.

2. 해석의 원리들을 숙고하라

모든 문학 형식은 문학 장르에 따라서 해석되어져야 한다. 문학서를 읽을 때 우리는 "이것은 어떤 유의 문학—역사, 시 혹은 비유—인가?"를 물을 필요가 있다. 이와 유사하게, 성경을 읽을 때도 문학 형식이 어떤 것인가를 분간하는 법을 배울 필요가 있다.[77] 모

---

77) 이것은 설교학(즉 성경을 어떻게 해석하는가)에 관한 책이 아니다. 하지만 더 연구를 하려면 John Goldingay의 〈구약 해석의 접근 방법〉(Approaches to Old Testament, Updated ed.: Apollos, 1990), 〈성경을 어떻게 읽을 것인가〉(How to Read the Bible, Triangle, 1997), Christopher J. H. Wright의 〈그리스도를 아는 지식: 구약의 빛 아래서〉(Knowing Jesus through the Old Testament, Monarch Books, 2005, 1992)를 보라.

든 성경이 다 교훈적인 권면을 하는 것은 아니다. 그중 얼마는 그러한 행동이 도덕적으로 '옳은지' 혹은 '그른지'를 명백히 밝히지 않고 단순히 역사적 사건들만 기록한다. 도킨스는 가끔 역사적 기록을 기독교의 가르침으로 잘못 해석한다.[78]

도킨스는 사람들이 처음에는 성경을 문자적으로 해석하였다가 과학이 발달하면서 어떤 부분은 문자적으로 해석할 수 없다는 것이 드러나자 우화적으로 해석하기 시작했다고 생각하는 것 같다. 하지만 그렇지 않다. 3세기에 알렉산드리아의 오리겐(Origen, 185~254)은 오늘날 우리보다 성경의 많은 부분을 훨씬 더 우화적으로 해석했다. 사실상 그가 우화적으로 해석했던 구절들은 문자적으로 해석되어야 한다고 말할 수 있을 것이다.

로마가톨릭 작가인 니콜라스 라쉬(Nicholas Lash) 교수는 다음과 같은 이야기를 한다.

내가 일찍이 리처드 도킨스의 근본주의를 반대하여 말한

---

78) 심층의 연구를 위하여, Amy Orr-Ewing의 〈왜 성경을 믿는가?: 어려운 질문에 대한 대답〉(Why Trust The Bible?: Answers to Tough Questions, Inter Varsity Press, 2005) 92쪽과 John W. Wenhamd의 〈악의 수수께끼: 우리는 하나님의 선하심을 믿을 수 있는가?〉(The Enigma of Evil-Can we believe in the goodness of God?, Inter Varsity Press, 1985) 13-16쪽을 보라.

것은 성경 본문을 진지하게 수락하는 유일한 방법이 성경을 문자적으로 믿는 것이라는 그의 이상한 주장 때문이다. 예컨대, 성경을 우화적으로 해석하는 것은 성경을 삭제하는 것과도 같다는 견해이다. 이 모든 것의 배후엔 진리란 무미건조한 직접적인 묘사를 통하여서만 표현될 수 있고, 또한 모든 다른 문학은 진리를 표현할 수 없는 소설의 형식이어야 한다는 미신이 도사리고 있는 것이다.[79]

해석의 문제에 있어서 점진적 계시의 원칙을 이해하는 것도 중요하다. 즉, 성경을 읽음으로써 날이 갈수록 하나님이 어떤 분이신가에 대하여 점점 더 깊이 깨달아 가며, 그 지식은 예수님 안에서 절정에 이르게 될 것이다. 히브리서 기자는 "옛적에 선지자들을 통하여 여러 부분과 여러 모양으로 우리 조상들에게 말씀하신 하나님이 이 모든 날 마지막에는 아들을 통하여 우리에게 말씀하셨으니…"(히 1:1~2)라고 기록한다. 그러므로 하나님의 본질은 예수님 안에 감추어져 있고, 그는 보이지 않는 하나님의 형상이시며(골 1:15), 구약성경과 율법과 선지자의 완성이시다.

---

79) Nicholas Lash, "만들어진 신이라는 개념은 어디서 온 것인가"(Where does The God Delusion come From), 〈New Blackfriars Magazine〉, p. 513.

3. '예수님의 렌즈'를 통하여 성경을 보라

그리스도인으로서 우리는 예수님은 보이지 않는 하나님의 형상이심을 믿는다. 예수님은 "나를 본 자는 아버지를 보았거늘"(요 14:9)이라고 말씀하신다. 누가복음 24장 27절은 "이에 모세와 모든 선지자의 글로 시작하여 모든 성경에 쓴 바 자기에 관한 것을 (예수님이) 자세히 설명하시니라"고 기록한다. 예수님의 렌즈로 성경을 볼 때 구약성경은 그리스도인의 교재가 된다. 구약성경은 예수님의 생애, 인격, 죽음 및 부활을 통하여 보아야만 한다. 예를 들어, 예수님의 죽음을 고려할 수 있다. 예수님은 폭행을 가하시지 않으셨고, 오히려 자신을 향한 폭력을 허락하셨다. 그는 많은 사람들의 대속물로 자기의 생명을 주셨다. 구약성경의 많은 구절들을 이런 방식으로 해석할 때 형태가 변화된다.

또한, 우리는 예수님의 가르침의 렌즈를 통하여 성경을 고찰해야만 한다. 예수님은 "남에게 대접을 받고자 하는 대로 너희도 남을 대접하라"(눅 6:31), "네 이웃을 네 자신 같이 사랑하라"(마 22:39), "너희 원수를 사랑하며 너희를 박해하는 자를 위하여 기도하라"(마 5:44)고 말씀하셨다. 반복하건대, 우리는 이 렌즈를 통하여 구약성경을 해석해야 한다.

더 나아가서, 예수님의 가르침이 서구 전체 문명의 기초석이 되었다는 사실을 기억해야만 한다. 그 가르침은 도덕률, 절대적으로 옳은 것과 절대적으로 그릇된 것, 절대적인 선과 절대적인 악이 무엇인가를 제시하였다. 리처드 도킨스는 이렇게 언급한다: "나는 기독교의 교리인 대속의 죽음을 악하고 가학적이며 혐오스러운 것으로 묘사했다. 우리는 또한 그것을 정신이상적인 것으로 평가절하해야 한다."[80] 이와 비슷하게 크리스토퍼 히친스는 " '네 이웃을 네 몸과 같이 사랑하라' 는 명령은 복종하기에는 너무 극단적이며 심히 힘겨운 것이다 … 인간은 다른 사람들을 그들 자신처럼 돌볼 수 있을 정도의 체질을 가지고 있지 않다"고 말했다.[81] 최근의 논쟁에서 히친스는 이 진술을 더 발전시켰다: "우리의 원수를 사랑하라는 혼란스러운 아이디어는 진짜 아무것도 아니며, 이웃을 사랑하라는 것보다 더 자살적이거나 더 부도덕한 것일 수 있다."[82]

문제는 인간이 다만 유전과 환경의 산물이라면, 혹은 우리의 DNA가 하라는 대로 행동한다면 절대적인 도덕 기준이 설 자리가 없다는 것이다.[83] 따라서 절대적인 옳고 그름도 없을 테고, 절대적인

---

80) Richard Dawkins, 〈만들어진 신〉(The God Delusion), Black Swan, 2007, p. 253.
81) Christopher Hitchens, 〈신은 위대하지 않다〉(God Is Not Great: How Religion Poisons Everything), Hachette Book Group USA, 2007, p. 213.
82) Alister McGrath와 Christopher Hitchens의 논쟁, 2007년 10월 12일, Georgetown, USA.

선과 악의 기준도 존재하지 않을 것이다. 도덕이란 순수하게 주관적인 것이 된다. 로드 리들(Rod Liddle)은 〈선데이 타임즈〉(Sunday Times)에 실린 〈만들어진 신〉에 대한 논평에서 다음과 같이 피력했다.

> 사르트르가 말한 우리 내면의 '하나님이 만든 진공'을 무언가로 채우려는 시도보다 무신론자들이 쓸데없이 공격할 곳은 그 어디에도 없다. 우리는 우리의 도덕 개념을 도출해 낼 그 무엇인가를 믿을 필요가 있는 것이다.[84] 종교를 말살시키고 그 자리에 이성적 신념('과학적'이라는 표현이 자주 덧붙여지는)을 대치시키는 정권이 토르케마다의 토마스(Thomas de Torquemada, 1420~1498)가 상상했던 것보다 결국 더 많은 사람들을 살해했다는 사실을 무신론자들에게 알려 준다면 그들은 우물쭈물 답변을 못할 것이다. 분명히 그 견해의 차이를 메우기 위한 무엇인가가 항상 나타나기 마련이다. 그리고 '과학적'인 것이라고 하는 것일수록 더욱더 많은 악의를 드러낸다고 주장할 수 있을 것이다. 도킨스는 그러한 시도의 필요성을 인정하고 십계명을 꾸며 내었다. '살인하지 말라', '도둑질하지 말라' 혹은 '네 이

---

83) "DNA는 상관도 없고 알지도 못한다. DNA는 그저 존재한다. 우리는 그것이 시키는 대로 행동할 뿐이다." Richard Dawkins, 〈에덴 밖의 강〉(River out of Life: A Darvinian View of Life), Phoenix, 1996, p. 155.

84) '하나님이 만든 진공'은 사르트르가 아닌 블레즈 파스칼에 의하여 쓰인 것이다.

웃의 아내를 탐하지 말라' 대신에 그는 '당신 자신의 시간
보다 더 긴 시간의 척도에서 미래를 평가하라' 혹은 '당신
의 성 생활을 즐겨라' (다른 사람에게 해를 끼치지 않는 한)로 바
꾸었다. 그것은 돌이 아니라 유기농 두부에 새겨져서 후세
에 전해진 것이다. 그것은 풍자 이상의 것이며, 유용한 도
덕적 규범으로써, 그것의 잠재 수명은 수천 년이 아닌 수
년간으로 계산될 수 있다.[85]

절대적인 기준이 제거될 때 남는 것은 공리주의뿐이다. 공리주
의의 윤리에는 걱정스러운 내용이 포함되어 있다. 존 브록만(John
Brockman)의 책 〈위험한 생각들〉(What is Your Dangerous Idea?)의 후기에
서 도킨스는 우생학을 주제로 다음과 같은 글을 썼다.

히틀러가 죽은 후 60여 년 동안 자녀의 음악적 재능을 길
러 주는 것과 자녀에게 음악 레슨을 받으라고 강요하는 것
사이의 도덕적 차이가 무엇인가를 감히 물으려고 할 것인
지 의심스럽다. 혹은 빨리 달리는 자들과 높이 뛰는 자들
을 훈련하지만 선수를 키워 내지 못하는 것이 왜 인정될
수 있는가 … 우리가 그 질문을 하기에 두려워할 때는 지

---

85) Rod Liddle, 〈Sunday Times〉, 2006년 10월 8일.

나지 않았는가?

> … 인류(호모 사피언스)가 무의식적 가정 속에서 누리는 독
> 특하며 독점적인 신분을 정당화하는 것은 대부분의 사람
> 들이 그 사실을 깨닫는 것보다 더 어렵다. 왜 '생명을 위
> 하여'는 항상 '인간 생명을 위하여'를 의미하는가? 왜 그
> 렇게도 수많은 사람들이 살아 있는 성인 한 명의 생명과
> 겁에 질린 암소의 값에 해당하는 스테이크용 고기를 즐겁
> 게 씹을 수 있는 반면에 여덟 개의 인간 세포를 가진 생명
> 을 죽인다고 하면 격분하는가?[86]

이와 같이 도킨스는 암소보다 사람들을 더 선호할 절대적인 이
유가 없다는 것을 시사한다. 히친스는 종종 사람들을 포유동물이라
고 부른다. 하지만 인간이 동물과 구별되지 않을 경우, "가치 있는
생명의 양을 감소시키는 것은 잘못이다"와 같은 원칙을 지지한 나
머지 인간 생명의 존엄성이 포기될 수도 있을 것이다. 어떤 이들은
'정상적인' 아기로 대치할 수 있을 때 그 어머니가 '불구' 아기의
낙태를 거절하는 것은 도덕적으로 잘못이라고 주장하기까지 한다.

---

86) John Brockman (ed.), 〈위험한 생각들〉(What Is Your Dangerous Idea?), Pocket
Books, 2007, p. 308.

테스트를 통하여 임신 9주 후의 태아가 그 생명의 질을 철저하게 손상시키는 식의 비정상 상태로 판정이 나올 때, 어머니가 낙태를 거부한다면 그것은 잘못이다 … 그 비정상적인 아이를 낙태시킨 후 다른 정상적인 아이를 갖게 된다면 낙태가 그릇되지 않을 것이다. 낙태의 부작용은 대신 임신될 수 있는 정상적인 사람의 생명보다 훨씬 더 가치가 없는 자의 생명이 세상에 출생하는 데에 수반되는 손실을 능가할 정도로 나쁘지 않을 것이다.[87]

혹자는 이 논리를 진전시켜서 "불구의 아이를 온전한 몸을 가진 아이로 대치해야 한다"라고 말한다.[88] 어떤 경우에 병든 자들을 죽일 때의 부작용은 잠재적으로 유익할 수 있다고 주장되기까지 한다. 결국 그들을 돌보는 일은 비용이 많이 들고 정서적으로 진이 다 빠지기기 때문이다. 하지만 대부분의 사람들은 이것을 견딜 수 없는 일로 인정할 것이다. 그것은 그리스도인의 도덕과는 정반대의 행동이다.

---

87) Jonathan Glover, 〈죽음의 요인과 생명 구하기〉(Causing Death and Saving Lives), Penguin, London, 1977, 1990년 재판, 146쪽의 11장, '유산를 다시 고려하다'(Abortion Reconsidered)의 '유산을 하지 않는 것이 잘못일 때'란 제목으로 된 부분.
88) 임신 9주 후의 태아와 같은 새로 갓 태어난 아기들은 대치될 수 있다. 가치 있는 생명을 가질 좋은 기회를 가진 아기를 죽이는 것은 잘못이다. 그러나 이것을 반대하는 차원에서, 그의 존재에 대한 대안이 똑같이 가치 있는 생명의 좋은 기회를 가진 다른 누군가의 존재라면, 그를 죽이는 것이 나쁘지 않을 것이다.(Ibid., pp. 158-9)

얼마 전 2007년 '올해의 여성상'을 수상한 프란세스 도미니카 (Frances Dominica) 수녀에 관한 기사를 보았다. 그녀는 병들고 죽어 가는 어린이들을 돌보며 집에서 그 일을 돕는 부모들과 가족들을 실제적이며 영적으로 후원하는 헬렌 하우스를 시작했다.[89] 생명을 위협하는 불치의 병을 앓고 있는 어린이들에게 이 세상에서의 남은 기간 동안 가능한 한 최선의 삶을 살도록 넘치는 사랑으로 보살피는 헬렌 하우스의 프란세스 수녀와 다른 사람들을 볼 때 나는 깊은 감동을 느꼈다. "왜 그들은 그 일을 하는가?"라고 묻지 않을 수 없었다. 그들은 성경의 하나님을 신뢰하고, 인간 생명의 존엄성을 믿기 때문에 봉사를 하는 것이다. 불구의 몸을 가졌다 할지라도 모든 어린이들은 하나님의 사랑을 받으며, 하나님의 형상으로 만들어진 인간이다. 예수 그리스도 안에 계시된 성경의 하나님은 악한 괴물이 아니라 우리 문명의 미래를 위하여 유일한 희망이 되신다.

---

89) Jacqueline Worswick, 〈헬렌이라고 불리는 집: 어린이를 위한 호스피스 케어의 개발〉 (A House Called Helen: The development of hospice care for children), Oxford University Press, 2000, pp. 73-74.

II. 신앙은 과연 '세상의 무서운 해악 중 하나' 인가?[90]

리처드 도킨스는 "신앙이란 천연두 바이러스와 비슷하지만 근절시키기엔 더 힘든, 세상의 무서운 해악 중 하나가 될 수 있다고 생각한다"[91]고 말한다. 이 신념의 세 가지 측면을 고려해 보기로 하자.

1. 신앙과 신앙의 악용을 구별하라

우리는 신앙과 신앙의 악용을 구별할 필요가 있다. 유명한 무신론자들은 신앙의 유익함에는 아랑곳하지 않고 다만 신앙이 악용되는 것에만 초점을 둔다. 하지만 과학의 경우에는 과학이 악용되는 부분은 언급하지 않고 선하게 사용되는 것에만 집중하여 이야기한다. 그러나 과학도 악용되었다. 나치 독일에서 자행된 음흉한 의학실험이나, 네이팜탄, 지뢰, 가스 처형실 등과 같은 과학이 생산해

---

90) Richard Dawkins, "과학은 종교인가?"(Is Science a Religion?), 〈The Humanist〉, 57 (1997), pp. 26-29.
91) Ibid.

낸 끔찍한 무기들을 생각해 보면 그렇다. 물론 이런 악용은 과학에 있어서 전형적인 것은 아니다. 하지만 동일한 방법으로 신앙도 악용될 때가 있다. 캐논 데이비드 왓슨(Cannon David Watson)이 말하듯이 "악용의 반대는 사용하지 않는 것이 아니라 올바른 사용"이다.

2. 무신론의 이름으로 행해진 해악을 기억하라

도킨스와 그의 동료들의 전제는 "종교를 제거할 수만 있다면, 세상은 크게 향상될 것이다"는 것이다. 험프리는 이렇게 단언한다: "무신론자들이 종교가 없다면 평화와 조화가 지배할 것이라고 주장하는 것은 진짜 터무니없는 소리이다. 그것을 입증하는 것은 성경이 아니라 역사서이다."[92] 키스 워드(Keith Ward)가 지적한 대로 "두 번의 세계대전은 종교적인 이유로 발발한 것이 아니다. 그 전쟁에서 문제가 되었던 종교적인 교리나 책략은 없었다. 인간 역사에 있어서 가장 무서운 투쟁은 결코 종교적인 것이 아니었다".[93]

도킨스는 "무신론자 개개인이 나쁜 짓을 자행할 수 있겠으나 그

---

92) Ibid., p. 295.
93) Keith Ward, 〈종교는 위험한가?〉(Is Religion Dangerous?), Lion Hudson PLC, 2006, p. 74.

들은 무신론이라는 미명 하에서 그렇게 하지는 않는다"[94]라고 주장한다. 아무도 모든 무신론자들이 가공할 만한 악행을 일삼는다고 생각하지 않는다. 나의 아버지는 무신론자(아니면, 적어도 불가지론자)이지만, 훌륭한 인물로 내가 존경하는 영웅 중 한 분이다. 하지만 역사를 돌이켜 볼 때, 악한 행위들은 무신론의 이름으로 자행되었다. 그 한 예는 20세기의 무신론적 공산주의이다. 험프리는 "지난 세기에 인류를 무섭도록 괴롭힌 최악의 참사는 종교가 아닌 공산주의가 초래한 것"[95]이라고 평한다. 그는 정치 철학자인 존 그레이(John Gray)의 말을 다음과 같이 인용한다: "20세기에 어떻게 테러가 세속의 정권에 의하여 대규모로 악용되었는가는 잊어버리기 쉽다. '현대 테러 행위의 뿌리는—특히 레닌주의—종교보다 훨씬 더 과격한 서구의 이념에서 찾아볼 수 있다.'"[96] 구소련 2천만 명, 중국 6천5백만 명, 북한 2백만 명, 캄보디아에선 2백만 명이 살해됐다고 추정된다. 자국의 인종을 멸절시키고, 노골적으로 반종교적인 정책을 수행한 공산주의 정부에 의하여 살해된 사람들의 합계는 무려 8천500만 내지 1억 명에 달한다. 존 콘웰은 이렇게 지적한다: "더욱이 스탈린의 무신론은 그의 이데올로기의 결정적인 특징이다. 그는 (그리스도인들을) 학대하였고, 투옥시켰고, 살해하였고, 러시아 전역에 걸쳐 그들

---

94) Richard Dawkins, 〈만들어진 신〉(The God Delusion), Black Swan, 2007, p. 278.
95) John Humphrys, 〈우리는 하나님을 의심한다〉(In God We Doubt), p. 287.
96) Ibid., p. 293.

의 교회들을 파괴하였다."[97] 1961년 11월 18일의 한 연설에서 흐루시초프(Krushchev)는 그들의 철학을 약술하여 다음과 같이 발표하였다: "우리는 인구의 모든 계층과 그룹들을 포용하며, 특히 어린이와 청년 가운데 종교적인 관점이 확산되는 것을 방지할 신중하고 균형 잡힌 동시에 과학적이고 무신론적인 교육 제도를 필요로 한다."[98]

도킨스는 "문제는 히틀러와 스탈린이 무신론이었나 아니었나가 아니라 무신론이 체계적으로 사람들에게 나쁜 짓을 하도록 영향을 미치는가이다. 그렇게 했다는 증거는 추호도 없다 … 스탈린의 무신론이 그의 만행에 동기를 부여하였다는 증거도 발견되지 않는다"[99]라고 말한다. 도킨스는 심지어 스탈린의 잔인한 행동은 그가 자라면서 어떤 종교적인 경험을 했다는 사실에 의하여 동기가 유발된 것으로 본다.[100] 그것에 대하여 알리스터 맥그라스는 다음과 같이 응답한다.

무신론자로서의 더 기괴한 신념적 진술 중, 도킨스는 무

---

97) John Cornwell, 〈다윈의 천사: 만들어진 신에 대한 천사의 반격〉(Darwin's Angel: An Angelic Riposte to the God Delusion), Profile Books, 2007, p. 90.
98) Michael Bourdeaux, 〈족장과 선지자들: 러시아정교회의 핍박〉(Patriarch and Prophets: Persecution of the Russian Orthodox Church), Mowbrays, 1975, p. 38.
99) Richard Dawkins, 〈만들어진 신〉(The God Delusion), Black Swan, 2007, p. 273.
100) Ibid.

신론이 체계적으로 사람들에게 악을 행하도록 영향을 끼쳤다는 '증거가 조금도 없다'라고 주장하는데, 사실은 정반대이다. 무신론적 이데올로기를 강요하려고 안간힘을 쓴 나머지, 소련 당국은 1918년에서 1941년까지 조직적으로 대다수의 교회들과 사제들을 멸절시키며 제거하는 범행을 저질렀다. 그 통계는 끔찍한 결과를 나타낸다. 이 폭행과 억압은 무신론자들의 목적—종교의 말살—을 성취코자 자행된 것이었다.

이것은 도킨스의 다른 신념적 진술과 거의 맞지 않는다: "메카—사르트르 대성당 혹은 요크 대성당이나 노트르담 성당—를 불도저로 밀은 무신론자가 세상에 존재한다고 나는 믿지 않는다." 안타깝게도, 이 고상한 생각은 실제가 아니라 그의 개인적인 고지식일 뿐이다. 소련의 역사는 부지기수의 교회들을 불사르고, 다이너마이트로 폭파시킨 기록으로 가득 차 있다. 무신론이 교회와 관련된 폭력과 압제에 대하여 무죄하다는 그의 변론은 진실로 이치에 맞지 않는 것이다.[101]

---

101) Alistair McGrath with Joanna Collicut McGrath, 〈도킨스의 망상〉(The Dawkins Delusion?), SPCK, 2007, p. 48.

무신론자들은 전부 공산주의자들이라든가, 혹은 무신론자라면 다 그와 같은 범주에 속한다고 말하는 것이 아니다. 하지만 20세기가 자명하게 드러내는 증거는 공산주의의 소름끼치는 만행이 무신론적 세계관과 논리적으로 일관된다는 것이다.

3. 예수님의 이름으로 행해진 선행의 진가를 올바르게 인식하라

한 사람의 자선이 종교적 신앙에서 비롯되었다는 사실을 리처드 도킨스가 알지 못하다니 안타까울 뿐이다. 도킨스에 의하면, 테레사 수녀는 '독실한 신자인 양 위선적이었다'[102]는 이유로 퇴출당해야 한다. 도킨스에게 "극히 사소한 것이라도 종교가 선을 행한 어떤 긍정적인 측면이 있다고 생각하는가?"라고 질문했다. 그의 대답은 "없다"였다. 위대한 종교 예술에 대하여 물었을 때, 도킨스는 "그것은 종교가 아니며, 다만 교회에 돈이 많았기 때문이지요. 미켈란젤로, 바하 혹은 베토벤과 같은 위대한 예술가들은 명령 받은 것을 행했을 따름이지요"[103]라고 대답했다.

---

102) Richard Dawkins, 〈만들어진 신〉(The God Delusion), Black Swan, 2007, p. 292.
103) Richard Dawkins의 수필집, 〈악마의 사도〉(A Devil's Chaplain), Laura Sheahen에 의한 인터뷰.

이 무신론자들은 예수님의 이름으로 행해진 모든 선행을 교묘히 빼돌리려는 지나친 시도를 감행한다. 예컨대, 도킨스는 미국의 인종 평등을 위하여 크게 공헌한 위대한 그리스도인 설교자 마틴 루터 킹(Martin Luther King) 목사와 같은 정치적 지도자들에 대하여 "그들의 신앙은 우연히 일어난 것뿐"[104]이라고 일축함으로써 그들의 신앙을 어이없게 훼손시키려 한다. 도킨스는 "비록 마틴 루터 킹이 그리스도인이었으나, 그는 그리스도인이 아닌 간디로부터 비폭력, 시민 불복종의 철학을 끌어내었다"[105]고 진술한다. 그러나 간디는 어디에서 그의 철학을 수립하였는가? 그것은 그리스도인이었던 톨스토이로부터 부분적으로 얻은 것이다. 톨스토이, 간디, 마틴 루터 킹의 철학은 어디에서부터 온 것인가? 그들은 그것을 "저 뺨도 돌려대며" 그리고 "너희 원수를 사랑하며"(눅 6:27~29)라고 말씀하신 예수님으로부터 얻은 것이다.

크리스토퍼 히친스는 마틴 루터 킹에 대하여 쓴 글에서 도킨스가 선택했던 동일한 문장을 해석한다. 나는 〈파이낸셜 타임스〉에 실린 크리스토퍼 히친스의 책에 대한 논평을 읽고 웃음을 금치 못하였다.

---

104) Ibid., p. 271.
105) Ibid.

종교가 만사에 독이 된다는 히친스 논문의 문제는 '종교를 선하게 사용하는 사람들에게는 어떻게 설명할 것인가'이다. 히친스는 마틴 루터 킹을 어떻게 설명하는가? 여기에 그 답이 있다: 킹은 진실한 그리스도인이 아니었다. 정말인가? 글쎄, 킹은 어디에서도 자기를 욕한 자들이 이 세상이나 혹은 그 다음 세상에서 벌을 받게 될 것이라고 말하지 않았다. '그렇다면 명목상의 그리스도인에 반대되는 개념인 진정한 의미에 있어서 그는 결코 그리스도인이 아니었다.' [106]

복수에 대한 킹의 무관심이 복음서의 영향력일 수 있다는 것을 어떻게 생각하는가? 그 논평자는 계속해서 이렇게 피력한다: "나는 히친스가 킹에게 적용했던 잘못된 논리를 데즈먼드 투투(Desmond Tutu: 1984년 노벨 평화상 수상)에게는 적용하지 않으리라는 것을 안다. 어차피 투투가 아직도 살아 있기 때문에 그가 그리스도인이 아니라는 진술에 대한 그의 응답을 상상할 수 있다." [107]

선을 행한 하나님의 위대한 사람들은 이들뿐만이 아니다. 세계

---

106) Hitchens에 대한 Financial Times 논평, 〈Financial Times Magazine〉, 2007년 6월 23/24일.
107) Ibid.

방방곡곡에 수백만에 이르는 평범한 그리스도인들이 있다. 그리스도인이 아닌 사람들까지도 예수님의 이름으로 행해지는 선을 스스로 깨닫는다. 존 험프리는 불가지론자이며 자신을 '실패한 무신론자'로 묘사한다. '하나님을 찾아서'(In Search of God)라는 라디오 채널 4 프로그램을 마친 후 수백 통에 이르는 편지를 받았다. 그는 다음과 같이 응답한다.

> 회의론자들에게 이렇게 말하고 싶습니다. 특별한 사건이나 경험을 통하여 회심하였다고 고백하는 수십 명의 신자들이 있답니다. 그들은 이 모양 저 모양으로 하나님을 믿게 되었고, 그 신앙이 자신들의 삶을 변화시켰다고 고백하는 매우 신실한 사람들이지요. 대부분의 작가들이 신앙을 진지하게 여기는 지성적이며 분별력 있는 사람들로, 나에게 감동을 주었어요. 그들은 많은 질문을 하며 의혹을 풀어 만족해하며 … 하나님을 믿고 … 누구에게도 해를 끼치지 않으려는 평범하지만 예의 바른 사람들도 셀 수 없이 많아요. 그들 중 많은 이들은 세상을 더 나은 곳으로 만들려고 애쓰는 것을 자신의 의무로 여기고 있지요.[108]

---

108) John Humphrys, 〈우리는 하나님을 의심한다〉(In Good We Doubt), p. 217, p. 232, p. 322.

최근 라디오 인터뷰에서 크리스토퍼 히친스는 이렇게 언급하였다: "믿음 있는 누군가가, 믿음 없는 자가 할 수 없는 일을 할 수 있는 것은 아무것도 없다. 세속적인 사람도 할 수 없는 자선을 그리스도인이 사회를 위하여 할 수는 없다." 예술가이며 조각가인 찰리 매키지(Charlie Mackesy)는 라디오 프로그램을 경청한 후, 그가 만약 그 인터뷰에 응했더라면 하고 싶었던 응답을 써 보았다.

> "히친스, 내가 말할 수 있는 모든 것, 나 자신을 위하여 말할 수 있는 모든 것은, 내가 예수님을 믿고서 할 수 있었다는 것이지요. 무엇을 할 용기도 없었고, 인내도 없었고, 사랑과 자유도 없었고, 감동과 결단력도 없었고, 하고 싶은 열망도 없었던 것들을 예수님을 믿음으로 할 수 있었답니다. 나는 신앙이 없는 다른 사람들도 더 많은 것을 성취할 수 있다고 확신해요. 그러나 나는 믿음이 없이는 결코 노력도 하지 못하고, 시도하고 실패하는 것도 할 수 없고, 때론 절반도 할 수 없지요. 예수님은 내가 하는 모든 일에 생명과 끈기와 용기를 불어넣어 주십니다."[109]

그리스도인들은 비그리스도인들보다 더 나은 사람, 즉 그들이

---

109) Charlie Mackesy, 2008년 1월 6일에 HTB에서 한 토크.

그리스도인이 되지 않았을 때 될 수 있었던 존재보다 더 낫다고 주장하지는 않는다.

종교가 선보다 더 많은 해를 끼친다는 관점에 반대하여 논쟁을 하려고 한다면 헌신된 그리스도인들은 자선회에 더 많은 돈을 기부하고, 더 많은 자원 봉사를 하고, 또한 신앙이 없는 자들보다 더 높은 차원의 행복을 누린다는 사실을 보여 주는 증거를 살펴보아야 할 것이다.

> 〈신앙과 건강〉 핸드북에서 저자들은 2천 개의 실험 내용을 검토해 본다. 전반적인 결과는 신앙이 있는 사람들이 그렇지 않은 자들보다 더 오래 살고 육체적으로 더 건강한 생활을 하는 경향이 있다는 것이다. 신앙이 있는 청년들은 마약과 알코올중독, 범죄 및 자살 시도의 빈도가 훨씬 낮았다. 신앙이 있는 노인들은 더 큰 행복감과 삶의 만족도를 드러낸다. 요약컨대, 신앙이 당신의 건강에 좋다는 것이다.[110]

---

110) Keith Ward, 〈종교는 위험한가?〉(Is Religion Dangerous?), Lion Hudson PLC, 2006, p. 157.

이 결과들은 확실히 우리가 기대할 수 있는 것이다. 왜냐하면 예수님께서 "내가 온 것은 양으로 생명을 얻게 하고 더 풍성히 얻게 하려는 것이라"(요 10:10)고 말씀하셨기 때문이다. 복음, 즉 예수님의 좋은 소식은 우리의 삶에 자유와 해방을 가져다주며, 성령은 우리의 내면을 변화시킨다: "오직 성령의 열매는 사랑과 희락과 화평과 오래 참음과 자비와 양선과 충성과 온유와 절제니 이같은 것을 금지할 법이 없느니라"(갈 5:22~23). 우리는 이 열매를 예수님을 따르는 사람들의 생활에서 가난한 자들을 돌보며, 교도소를 방문하고, 죽어 가는 자들을 보살피려는 그들의 열망에서 볼 수 있게 된다. 과연 종교가 이 세상의 무서운 악 중 하나라고 말할 수 있겠는가?

III. 기독교의 가르침이 어린이를 학대하는 것인가?

리처드 도킨스는 최근 "진실로 해로운 것은 어린이들에게 신앙이 덕이라고 가르치는 것이다. 신앙은 악이다"[111]라고 토로한 적이 있다. 〈만들어진 신〉에서 성적으로 학대를 당한 어린아이에 대하여 도킨스는 "성적 학대는 무서운 것이지만, 그 손상은 가톨릭 식으로 어린이를 양육하여 입힌 장기간에 걸친 심리적 피해에 비하면 그리 심각한 것도 아니다"[112]라고 말하고 있다. 물론 과학이 하나님을 반증하였다면, 하나님이 악한 괴물이시라면, 종교가 만악의 뿌리이거나 혹은 세상의 극심한 악 중 하나라면, 당연히 아무도 그들의 자녀를 그리스도인으로 키우고 싶지 않을 것이다. 그러나 만약 과학이 하나님을 반증하지 못했다면, 신앙과 과학이 보완적인 것이라면, 예수 그리스도 안에 계시된 성경의 하나님이 사랑(그리고 우리가 삶을 어떻게 살아가야 하는가)의 최고의 본보기라면, 어떻게 할 것인가? 신앙이 불가능할 것을 믿으면서 어둠 속에서 눈 감고 뛰어내리는 것

---

111) Richard Dawkins, 〈만들어진 신〉, John Lennox와의 논쟁, 2007년 10월 3일.
112) Ibid., 317.

이 아닌 합리적인 근거와 유력한 증거(사랑 같은 것보다)를 믿는 것이라면, 신앙이 우리 삶의 모든 부분을 변화시키는 어떤 분과의 관계에 대한 것이라면, 그리스도인이 된다는 것이 모든 사람이 초대받은 ["예수께서 이르시되 어린 아이들을 용납하고 내게 오는 것을 금하지 말라 천국이 이런 사람의 것이니라 하시고" (마 19:14)] 놀라운 공동체의 일원이 되는 것이라면, 누가 그들의 자녀들이 기독교의 가르침으로 양육되지 않기를 바라겠는가? 내 소견상 그리스도의 교훈이야말로 우리 자녀들에게 줄 수 있는 가장 위대한 유산일 것이다.

1. 부모의 필연적인 영향력을 이해하라

부모는 그들의 언행에 의하여 자녀들에게 영향을 미친다는 사실을 이해하는 것이 중요하다. 당신의 자녀들에게 어떤 영향력도 행사하지 않는 유일한 방법은 그들과 아무런 접촉이나 커뮤니케이션을 하지 않는 것이다. 도킨스는 그가 신앙을 갖지 않았다고 생각하는 점에서 '현대적인 사람'이다. 물론 그에겐 믿음이 있고, 그 사실이 그의 책 〈악마의 사도〉에서 명백히 드러난다. 그는 그의 딸 줄리엣(Juliette)에게 보내는 다음과 같은 내용의 편지를 그 책 속에 포함시켰다.

나의 딸이 열 살이었을 때 보낸 공개 편지.

너의 유아 시절, 불행히도 나는 너를 짧은 기간밖에 보지
못했다. 그리하여 인생의 중요한 것들에 대하여 이야기하
기가 쉽지 않았다. 나는 신생아에게 교리 주입 교육에 대
한 어떤 작은 제안에도 철저하게 응하지 않았다. 왜냐하면
그런 교육이 이 세상의 많은 악에 대한 궁극적인 책임을
져야 한다고 생각했기 때문이다.[113]

그는 그의 편지를 이렇게 시작한다: "나에게 중요했던 것에 대하
여 쓰고 싶구나. 과학자들, 세상과 우주에 관하여 사실인 것을 발견
하는 전문가들…"[114] 계속해서 자신이 생각하기에 세상과 우주에
관한 진리인 것, 즉 기독교는 진리가 아니며 그 증거도 없다는 것을
말한다. 그 서신의 나머지는 종교, 신앙 및 기독교에 대한 공격이
다. 본질적으로 그 공개 편지는 반종교적인 선전이다. 확실히 이것
또한 교리 주입의 한 형태이다. 하지만 왜 어린이에게 종교적 신앙
을 강요하는 것만이 학대하는 것이 될까? 일관성 있게 우리는 반종
교적 신념을 강요하는 것도 똑같이 학대 행위란 것을 인정해야 한

---

113) Richard Dawkins, 〈악마의 사도〉(The Devil' s Chaplain), Orion House, 2003, p.
   283.
114) Ibid., pp. 284-6.

다. 중립 기어는 없다.

2. 자유를 억압하는 위험을 인지하라

본질상, 20세기의 무신론적 정권은 리처드 도킨스와 크리스토퍼 히친스가 믿는 것을 믿었다. 즉 하나님은 망상적 존재이며, 종교는 선보다 더 많은 해를 끼쳤으며, 신앙은 근절되어야 한다는 것이다. 이것이 바로 그들이 어린이들에게 기독교를 가르치는 것이 불법적이라고 한 이유이다. 기독교 신앙에 관하여 가르쳤던 사람들 중 많은 이들이 투옥되었고, 그들의 자녀들은 부모로부터 멀리 떨어지게 두었다. 어떤 그리스도인들은 그들의 망상을 '치료' 하기 위하여 정신병원에 수용되었다.

그러므로 무신론으로부터 시작하여 악을 자행하기까지는 논리적 경로가 있다는 것이다. 물론, 모든 무신론자가 이 경로를 밟아 간다고 말하는 것은 아니다. 하지만 과정이 존재한다는 것을 인정하는 일은 중요하다. 분명히 우리 사회는 그 길을 따라가길 원치 않는다.

3. 기독교식 양육의 유익을 낮게 평가하지 말라

나는 리처드 도킨스가 그리스도인 가정이 어떠한가를 상상할 수 있을지 모르겠다. 그러나 나의 경험에 의하면 그리스도인 가정은 (무조건적) 사랑과 뿌리 깊은 안정감이 감도는 곳이다. 그리스도인의 가정은 견고한 그리스도인의 결혼을 중심으로 자녀들에게 자신감을 갖게 해 주고, 공동체 생활을 즐기게 하며, 자유를 만끽할 수 있는 안전(경계선을 가진)한 장소를 제공한다. 물론, 우리는 결코 우리의 신앙을 강요하지도 않거니와 주입시키지도 않는다. 하지만 나는 자녀들에게 우리 자신의 행동이 늘 다른 사람들에게 영향을 끼친다는 것, 사람들이 물질보다 더 중요하다는 것, 그리고 용서가 보복보다 더 낫다고 가르치는 일에 굉장한 가치가 있다고 생각한다. 그들이 성장해 감에 따라 우리는 그들에게 책임을 맡기고 선택할 수 있는 자유를 부여할 필요가 있다. 자연스레 그들에게 우리의 신앙에 대하여 이야기하길 원하지만, 그것을 그들에게 강요하지는 않을 것이다. 지나친 열심은 피할 필요가 있겠으나, 우리의 신앙을 본보기로 보여 주기 위해 노력한다. 늘 언급하였듯이 어린이는 어른들의 말에 좀처럼 귀를 기울이지 않는 듯하면서도 모방하는 일엔 선수이다. 우리는 우리의 자녀들이 하나님과의 관계 밖에서 살았던 때를 기억할 수 없도록 그들을 위하여 기도한다.

Conclusion

결론

나도 과거엔 리처드 도킨스와 크리스토퍼 히친스 정도는 아니었지만 아주 유사한 견해를 가졌던 무신론자였다. 그 후 나는 예수 그리스도를 만났고 그분과의 관계를 발견하게 되었다. 그 관계는 악한 괴물이 아닌 성경의 하나님과의 관계였다. 나는 성령에 의하여 내 마음에 부어진 하나님의 놀라운 사랑을 경험하였다. 그 사랑으로 인하여 하나님과 이웃을 사랑하게 된 것이다. 그것은 나를 목사가 되게 한 경험 중 하나이다. 즉, 나는 다른 사람들도 그들의 삶 속에서 하나님의 사랑을 경험하기를 바라는 것이다. 수년간 나는 우리의 결혼 생활뿐 아니라 교회의 다른 가족들에게서도 신앙의 영향력을 목격했다. 또한 신앙 공동체에서 자라는 유년부 어린이들, 십대 청소년, 대학생과 청년들에게 미치는 신앙의 영향이 어떠한지 눈여겨 보았다. 아동 학대란 기독교 신앙으로 양육되는 상황에선 내 머리에 결코 떠오르지 않는 표현이다.

나는 또한 홀리 트리니티 브롬프톤에서 개최된 알파코스에 참석하고 믿음으로 예수님께 나오는 사람들을 주목하며, 아울러 세계

곳곳에서 들려오는 더 많은 이야기들을 듣는다. 그들은 변화된 삶에 대하여 고백한다. 결혼 생활이 회복되고, 부모와 자녀들의 관계가 몰라보게 바뀐 사람들, 중독에서 자유롭게 된 자들, 수감 중 예수님을 믿게 된 자들이다. 믿음이 어떻게 그들을 변화시켰는지, 그리고 어떻게 사회에 기여하고 있는지 그들은 간증한다. 어떤 이들은 가난한 자, 집 없는 자, 에이즈 환자를 돌보는 사역을 시작했다. 왜? 그 이유는 그들이 예수 그리스도를 믿는 신앙을 경험했기 때문이다.

개개인들이 하는 작은 일들—용서, 사랑, 봉사의 행동—은 수백가지의 행동으로 증가될 수 있다. 그런 선행은 매일 베풀어진다. 하지만 그중 어느 것도 기록되거나 그 누구에게도 알려질 필요가 없는 것이다. 나는 일반적으로 종교에 관하여 말할 수 없다. 그러나 나는 나의 두 눈으로 똑똑히 보았기에 당신에게 이야기할 수 있다. 예수 그리스도를 믿는 신앙은 해를 끼치지 않는다. 그 신앙은 헤아릴 수 없는 양의 선행을 하게 하는 원동력이다. 왜냐하면 우리는 "두루 다니시며 선한 일을 행하신"(행 10:38) 분을 따라가기 때문이다.

3장

•

신앙은 불합리한 것인가?

Is Faith Irrational?

리처드 도킨스는 "신앙은 맹목적인 것이고, 과학은 증거에 근거한 것이다. 과학은 증거와 진보를 신중히 판단한다. 종교란 높은 곳을 향한 믿음을 위한 믿음이다"라고 하였다.[115] 또 신앙을 "증거가 없는 상태에서 맹목적으로 신뢰하는 것"[116]으로 정의한다.

도킨스는 신앙을 불합리한 것으로 단정한다. 하지만 신앙을 불합리한 것으로 정의함으로써 시작하고, 그 다음에 신앙은 불합리한 것이라고 주장하는 것은 동의 반복에 지나지 않는다. '믿음'은 '신뢰'라는 뜻의 라틴어 '피데스'(fides)에서 유래하였다. 신뢰는 증거가 없을 수도 있고, 증거에 기초할 수도 있다. '증거에 아랑곳하지 않거나' 혹은 증거에 반대하여 신뢰하는 것이라면, 도킨스가 말하듯 불합리한 것이다. 하지만 동일한 논리로, 증거에 기초한 신앙이

---

115) Richard Dawkins, 〈모든 악의 근원〉(The Root of All Evil) 2부: 신앙의 바이러스.
116) Richard Dawkins, 〈이기적 유전자〉(The Selfish Genes), Oxford University Press, 2006, p. 198.

라면 합리적인 것이 될 수 있다. 앞서 언급하였듯이, 도킨스는 마이크로 워드 소프트웨어 패키지가 제공하는 사전에서 '망상' 의 의미를 찾아 신앙을 정의하는 데 사용한다. 망상은 강력한 반대 증거에도 불구하고 고집부리는 그릇된 믿음[117]으로 설명된다. 따라서 도킨스의 정의에 의하면 신앙은 망상이다. 그 두 단어는 상호 교환적이며 동의어이기도 하다. 그런데 만약 도킨스가 정의한 대로가 아니라면 이 주장은 잘못된 것이다. 그의 정의는 "하나님에 대한 믿음은 증거에 근거하는가 혹은 그렇지 않은가?" 라는 논점을 교묘히 피하고 있다. 과연 신앙은 망상인가?

2007년 5월, 도킨스는 갈라파고스 제도(Galapagos Islands)로 가는 유람선상에서 무신론자들의 그룹과 함께 질의응답 모임에 참여했다. 그는 "당신의 책 〈만들어진 신〉에 대한 최고의 비평은 무엇이 될까?" 라는 질문을 받았다. 이에 도킨스는 "최고의 비평은 어떤 초자연적 존재가 있다는 유력한 증거가 실재한다고 제시하는 것이며 … 누군가가 그 증거를 가지고 나타날 수 있다면 훌륭한 비평이 될 것이다. 나는 아무도 증거를 가지고 있지 않고, 어떤 사람도 그 증거를 가질 수 없다는 사실이 드러날 것이라고 생각한다" 라고 답했다.[118]

---

117) Richard Dawkins, 〈만들어진 신〉 (The God Delusion), Black Swan, 2007, p. 5.

기독교 신앙에 어떤 증거가 있는가? 이것은 도전이다. 우리는 오늘날 기독교에 아무런 증거가 없다고 비판하는 자들에게 이 질문에 대한 해답을 제시하고, 우리는 왜 믿는가에 대한 이유를 밝혀야 할 것이다.

신앙 그 자체에 대한 다섯 가지의 예비적인 요점을 고려하여 "신앙은 불합리한 것인가?"라는 질문을 탐구해 보기로 하자.

1. 믿음은 보편적인 것이다

모든 사람은 믿음을 가지고 있다. 하나님의 존재는 결정적으로 입증되거나 혹은 반증될 수 없다. 수학은 2+2=4라는 결정적인 증거가 있는 희귀한 학문 중 하나이다. 그와 같은 등식에 있어서 진리에 대한 의심을 절대로 할 수 없고, 그것에 반대하는 논쟁을 벌일 이유가 없다. 따라서 신앙까지 대두될 필요가 없다. 어떤 의미에서 그것은 전적으로 독단적이다. 숫자는 순수하게 상징적인 것이다. 알버트 아인슈타인은 "수학의 명제가 실재에 적용되는 한 그 명제는 확

---

118) Richard Dawkins, 〈모든 악의 근원〉(The Root of All Evil) Bonus DVD: 갈라파고스 제도, 2007년 5월.

실한 것이 아니다. 한편, 명제가 확실한 한 그 명제는 실재에 적용되지 않는다"[119]고 피력하였다.

결정적으로 도킨스도 하나님의 존재를 반증할 수 없다는 사실을 마지못해 인정한다. 전칭부정(全稱否定), 즉 '하나님이 계시지 않는다'를 증명하기는 거의 불가능하다. 신학자이며 기독교 변증학자인 에이미 오르-에윙(Amy Orr-Ewing)은 녹색 반점이 있는 돌의 예를 사용한다.

> 하나님 대신 오늘날 우주에 존재하는 녹색 반점으로 얼룩
> 진 돌들에 대하여 이야기하고 있다고 상상해 보라. 나는
> 그 녹색 반점의 돌들이 존재하지 않는다는 것을 증명하기
> 위하여 무엇을 해야만 할 것인가? 우주에 관하여 철저한
> 지식, 절대적인 지식—당신을 하나님이 되게 할—을 가지
> 고 있어야만 할 것이다. 녹색 반점의 돌들이 존재한다는
> 사실을 증명하기 위해선 무엇을 해야 하는가? 돌 하나를
> 발견하라.[120]

---

119) Albert Einstein, 〈아이디어와 견해〉(Ideas and Opinions), 1973, p. 233.
120) Amy Orr-Ewing, 〈왜 성경을 믿는가?: 어려운 질문에 대한 대답〉(Why Trust the Bible?: Answers to Tough Questions), Inter Varsity Press, 2005, pp. 113-114.

도킨스는 하나님의 존재를 반증할 수 없다고 인정은 한다. 하지만 하나님이 계시지 않는 게 거의 확실하다고 선포하기 때문에 그는 무신론자이다. 이것 자체가 하나의 믿음인 것이다. 무신론자들은 하나님이 안 계신다고 믿는다. 도킨스의 믿음은 여기서 한층 더 나아간다. 무신론 철학 교수인 마이클 루즈(Michael Ruse)가 지적한 대로 '진화' 와 '진화론' 사이엔 차이가 있다. 리처드 도킨스는 진화론자이고, 진화론은 "진화 주위나 혹은 그 위에 세워진 형이상학적 혹은 관념적인 그림" 이다. 루즈는 진화론이란 '종교적인 신념' 이라 했다. 따라서 이 문제는 "과학과 종교 사이의 단순한 충돌이 아니라 두 종교 간의 갈등이다" [121]라고 언급했다.

무신론자뿐 아니라 불가지론자도 신앙을 가지고 있다. 회중 가운데 한 사람이 나에게 다음과 같은 이야기를 들려주었다.

얼마 전, 사람들은 인생과 죽음 그리고 우주의 기원에 관하여 이야기를 주고받았다. 그때 한 친구가 내게로 얼굴을 돌리며 "당신은 신앙인으로서 어떻게 생각하세요?" 라고 불쑥 질문을 던졌다.

---

121) Michael Ruse, 〈진화-창조 투쟁〉(The Evolution-Creation Struggle), p. 4, p. 287, Nicholas Lash, '하나님 망상은 어디에서부터 온 것인가?' (Where Does The God Delution Come From?) 〈New Blackfriars Magazine〉, p. 521.

나는 "우리는 남녀 할 것 없이 모두가 신앙인이죠. 우리들 가운데 몇몇은 하나님이 계신다는 믿음을 가지고 있고, 혹자는 하나님이 존재하지 않는다고 믿고 있죠. 그런데 어떤 입장도 확실한 것 같지 않아요"라고 답하였다.

"맞아요. 그게 바로 내가 불가지론자인 이유랍니다."

"당신은 둘 중 어느 하나를 피할 수 없겠네요. 당신은 결정하는 것은 중요하지 않다는 믿음을 가지고 있군요"라고 대꾸하였다.

우리가 무엇을 믿든 간에 믿음이란 보편적인 것이다.

2. 믿음은 지식의 본질적인 부분이다

신앙은 삶의 거의 모든 영역에 있어서 지식의 본질적인 부분이다. 과학 그 자체도 신앙의 모험이다. 알버트 아인슈타인은 "발견의 과정은 논리적인 것도 지적인 것도 아니다. 그것은 갑작스런 조명, 거의 황홀경 같은 것이다. 물론 후에 지성, 분석 및 실험이 직관을 확증하게(혹은 무효로 만들게) 될 것이다. 하지만 처음엔 엄청난 상상력의 도약이 있어야 한다"[122]라고 말했다.

이와 유사하게, 역사도 믿음을 필요로 한다. 역사적인 사건에 대해 읽을 때, 우리는 거기 없었기 때문에 직접적인 지식을 갖지 못한다. 그 대신에 우리는 목격자들과 역사가들이 우리에게 말하는 것을 믿을 수(혹은 믿지 않든)밖에 없다.

합법적인 결정은 믿음의 단계를 요구할 수 있다. 나는 수년간 법정 변호사로 일하면서 배심원이 유죄 판결을 내리는 것도 믿음의 단계라는 사실을 알게 되었다. 그들은 피고가 죄가 있는지를 알지 못한다. 오히려 그들은 목격자들과 제시된 증거물을 신뢰해야만 하는 것이다. 모든 판결은 믿음의 요소를 수반한다.

관계란 보편적인 것이며 믿음에 토대를 둔다. 중국 최고 갑부인 미스 양(Yang)에 관한 최근의 기사가 〈타임〉 지에 실렸다. 미스 양은 아버지가 벽돌 직공으로 일하여 번 162억 달러(80억 파운드)를 유산 상속으로 받게 되어 있다. 한 홍콩 저널리스트가 그녀의 아버지에게 왜 그 큰 재산을 딸에게 주었는지 물어보았다. 이에 양 씨는 "왜냐

---

122) John Dominic Crossan, 〈The Dark Interval: Towards A Theology of Story〉, 1975, p. 31에서 대화가 알려짐.

하면 그 아이는 가족이며, 나는 그 아이를 신뢰하기 때문이죠"[123]라고 답하였다.

믿음은 인생의 여러 양상 중 중요한 부분이다.

3. 그리스도인에게 믿음은 관계이다

그리스도인에게 믿음이란 한 인간을 신뢰하는 것으로, 사랑과도 같은 것이다. 믿음은 리처드 도킨스가 생각하는 것—"'하나님'이라고 불리는 어떤 분이 존재한다는 견해를 개인적으로 받아들이는 것"의 문제—이다.[124] 더 정확히 말해서, 믿음은 예수 그리스도 안에서 자신을 계시하신 하나님과의 관계에 관한 것이다. 그러므로 신약성경의 저자들이 이 관계를 묘사하는 데 사용한 유추는 가장 친밀한 부모와 자식, 남편과 아내 사이의 관계를 묘사할 때 쓰이는 것과 같은 단어들이다. 이 신뢰의 관계는 우리의 삶을 변화시키고, 모든 관계에 변화를 일으키게 된다.

---

123) 〈The Times〉, 2007년 10월 9일, p. 55.
124) Nicholas Lash, '하나님 망상은 어디에서부터 온 것인가?' (Where Does The God Delution Come From?), 〈New Blackfriars Magazine〉, p. 512에서 인용.

모든 관계에는 신뢰의 요소가 들어 있다. 교황 요한 바오로 2세는 이렇게 피력한다: "자신과 자신의 삶을 다른 사람에게 의탁할 수 있는 능력과 그렇게 할 수 있는 결정은 가장 중요하며 의미심장한 인간 행동이다." [125] 리처드 도킨스는 이것을 인간 관계의 차원에서 이해한다. 딸에게 보내는 편지에서(앞에서 언급했던) 도킨스는 다음과 같이 썼다.

> 사람들은 때때로 마음 깊은 곳의 감정을 믿어야 한다. 그렇지 않으면 '나의 아내는 나를 사랑해' 와 같은 사실을 결코 믿지 못할 것이다. 그러나 이것은 부당한 주장이다. 누군가가 당신을 사랑한다는 증거는 많을 것이다. 사랑하는 누군가와 하루 종일 함께 있을 때 사적인 많은 재미나는 정보를 보고 들을 것이며, 그 모두가 다 의미 있을 것이다. 그것은 사제들이 계시를 불러오는 느낌과 같은 순수한 내적인 감정은 아니다. 눈으로 보는 것, 부드러운 목소리, 작은 호의와 친절한 행위는 내면의 감정을 뒷받침하는 외적인 것들로 진정한 증거인 것이다. 내면의 감정은 증거에 의하여 지지되어야 하며, 그렇지 않을 경우 내적 감정을 신뢰할 수 없게 된다. [126]

---

125) John Paul II, 〈신앙과 이성: 교황 요한 바오로 2세의 회람 편지〉(Fides et Ratio: Encyclical Letter of Pope John Paul II), Catholic Trust Society, 1998, p. 50.

사전에서 신뢰는 믿음과 비슷한 뜻의 단어로 나타난다. 증거가 없는 사람을 믿을 수 없다고 한 도킨스의 말은 옳다. 인간 관계는 증거의 모든 작은 조각들로 신뢰의 기초를 이루기 때문이다. 그럼에도 불구하고, 냉소적인 사람은 그런 사소한 증거 조각들을 버리거나 잘못 해석할 수 있다. 증거는 해석되어야 하며, 신뢰를 요구한다.

4. 신앙과 이성은 상반되기보다 상호 보완적인 것일 수 있다

앞서 보았듯이, 과학과 기독교 신앙은 상반되지 않고 오히려 상호 보완적인 것이다. 이와 유사하게, 신앙과 이성도 서로 모순되는 것이 아닌 상호 보완적인 개념일 수 있다.

신앙이 불합리한 것일 필요는 없지만, 외부에서 볼 때 그렇게 될 수 있다. 중동 지역의 선교사로 일하는 수녀가 지프를 운전하고 있을 때 휘발유가 떨어졌다. 요강 같은 것은 없었지만, 그녀가 아이들을 돌보는 일을 한 관계로 마침 차 뒤에 어린이용 변기를 가지고 있었다. 그녀는 1마일 정도 떨어진 가장 가까운 주유소로 가서 그 변

---

126) Richard Dawkins, 〈악마의 사도〉(The Devil's Chaplain), Orion House, 2003, pp. 288-9 (Emphasis added).

기에 기름을 가득 채워 연료 탱크에 붓고 있었다. 그때 부유하게 보이는 산유국 족장들이 탄 롤스로이스 차가 그녀에게 다가왔다. 그들은 어린이용 변기에 든 기름을 지프에 붓는 광경을 보고 대단히 흥미진진해하였다. 그들 중 한 사람이 창문을 열고 그녀에게 말을 건넸다: "실례합니다. 나의 친구와 내가 당신의 종교를 믿지는 않지만 당신의 신앙에 매우 감탄하고 있답니다!" 그들이 목격한 것이 불합리한 것으로 보였으나 그녀가 그렇게 행한 것에는 타당한 이유가 실제로 있었다는 것이다. 이처럼 신앙이 불합리한 것처럼 보일 수 있으나 하나님에 대한 우리의 믿음은 무엇보다도 이성에 근거한 것이다.

신약성경에서는 마음과 의지의 중요성과 더불어 뜻과 이성에 강조점을 둔다. 예수님은 "네 마음을 다하고 목숨을 다하고 뜻을 다하여 주 너의 하나님을 사랑하라"(마 22:37)고 말씀하셨다. 바울이 베스도에 의하여 재판을 받던 중 미쳤다고 고소를 당했을 때 그는 "베스도 각하여 내가 미친 것이 아니요 참되고 온전한 말을 하나이다"(행 26:25)라고 응답하였다. 바울은 예수님을 믿는 자신의 신앙에 합리적인 근거가 있다는 것과 "진리를 믿음으로"(살후 2:13)라는 고백을 한다. 예수님은 스스로 "내가 곧 … 진리요"(요 14:6)라고 선포하셨다. 그리스도인이 된다는 것은 진리를 믿는 것이며, 믿음에는 합리성이 있다. 사도 베드로가 기록한 대로 "너희 마음에 그리스도를 주로 삼아 거룩하게 하고 너희 속에 있는 소망에 관한 이유를 묻는 자에게 는 대답할 것을 항상 준비하되 온유와 두려움으로"(벧전 3:15) 해야 할 것이다.

신앙은 합리적이지만 또한 이성을 넘어선 것이다. 예를 들면, 아 내인 피파(Pippa)와 나의 관계를 생각해 보자. 만약 아내에 대한 나의 사랑이 '합리적이냐, 불합리한 것이냐'라는 질문을 받는다면 나는 불합리하지 않다고 말할 것이다. 이유는 그녀에 대한 나의 사랑의 근거가 되는 많은 증거가 있고, 타당한 이유가 있다. 하지만 그녀에 대한 나의 사랑이 합리적이라고 말하는 것으로만 관계가 정당하게 다루어지는 것은 아니다. 관계란 이성 이상의 마음, 영혼, 우리 존 재의 모든 부분을 포함하는 것이다. 관계엔 합리성이 있지만 이성 으로는 충분치 않다.

신앙처럼 사랑은 이성보다 훨씬 더 위대하며 포괄적인 것이다. 그런 의미에서 하나님을 믿는 신앙은 합리적인 것이지만 동시에 합 리성을 초월한 것이다. 교황 요한 바오로 2세는 다음과 같이 진술하 였다.

신앙과 이성, 이 중 어느 하나만 있다면 빈약해지고 약화 될 것이다. 이성이 없어지면 신앙은 감정과 경험을 강조한 채 더 이상 보편적인 명제가 되지 못하는 위험을 감수해야 한다. 신앙이 약한 이론과 관련될 때 더 깊이 침투할 수 있다고 생각하는 것은 착각이다. 반대로 신화나 미신으로 전락할 심각한 모험에 직면할 수도 있다. 게다가 성숙한 신앙과 관계가 없는 이성은 새로움과 급진성에 그 시선을 돌리도록 자극받지 못한다.[127)

신앙과 이성은 인간의 영이 진리를 묵상할 때 솟아오르는 두 개의 날개와도 같은 것이다.[128)

라니에로 칸탈라메사(Raniero Cantalamessa) 신부는 다음과 같이 피력한다.

19세기의 위대한 기독교 철학자였던 키에르케고르는 인간 이성의 지고한 행동은 더 높은 어떤 분이 존재한다는 사실을 인정하는 것이라고 언급하였다. 많은 사람들은 이러한 도약을 결사적으로 거부할 것이다. 그들은 이성의 권리를 옹호하는 것을 좋아한다. 하지만 이성을 초월하며 그 이상의 것을 투사할 수 있는 능력은 부인함으로써 이성에

---

127) John Paul II, 〈신앙과 이성〉(Fides et Ratio), p. 73.
128) Ibid., p. 3.

게 창피를 주며 이성을 화나게 만든다는 사실을 깨닫지 못
한다.[129]

5. 신앙은 강요되는 것이 아니다

신앙은 사랑과도 같은 것이다. 사랑은 결코 강요되지 않으며, 억
지로 되는 것이 아니다. 하나님에 대한 지식은 그를 찾는 자들에게
약속된 것이다. 예수님은 "구하라 그리하면 너희에게 주실 것이요
찾으라 그리하면 찾아낼 것이요 문을 두드리라 그리하면 너희에게
열릴 것이니"(마 7:7)라고 말씀하셨다. 하나님께서는 예레미야를 통
하여 말씀하신다: "너희가 온 마음으로 나를 구하면 나를 찾을 것이
요 나를 만나리라"(렘 29:13). 다시 말해, 하나님은 강제로 우리에게
자신을 믿으라고 하지 않으신다는 것이다. 프랑스의 위대한 천재
수학자인 파스칼은 31세 때 예수 그리스도를 통하여 하나님을 알게
되었다. 그리고 다음과 같은 사실을 지적하였다: "하나님은 마음과
정신을 개방한 자들을 확신시키는 데에는 자신에 대한 충분한 증거
를 제공하셨다. 그러나 하나님이란 개념에 대하여 문을 닫은 자들

---

129) Father Raniero Cantalamessa, 〈성령의 엄숙한 도취: 하나님의 충만함으로 충만하기〉
(Sober Intoxication of the Spirit: Filled with the Fullness of God), Servant Books, St.
Anthony Messenger Press, 2005, p. 99.

에겐 그 증거를 확신하는 데 충분할 정도로 명확하지 않다." 그는
계속해서 다음의 글을 썼다.

> 마음으로 하나님을 찾는 자들에게는 기꺼이 나타내시며,
> 그로부터 힘껏 도망치는 자들에겐 자신을 숨기신다. 또한
> 그를 추구하는 자들에겐 가시적인 존재로, 그를 찾지 않
> 는 자들에게는 불가시적인 존재로 자신에 대한 지식을 규
> 제하신다. 하나님 보기를 열망하는 자들에겐 만족스런 빛
> 이, 반대의 성향을 가진 자들을 위해선 모호함이 있을 뿐
> 이다.[130]

따라서 "얼마나 많은 증거가 있느냐?"는 질문에 대한 대답은 강
제적이거나 신앙을 강요하는 증거는 충분치 않다. 그러나 오히려
신앙을 합리적인 것이 되게 하는 데 충분한 증거가 된다. 히브리서
기자는 "믿음은 바라는 것들의 실상이요 보이지 않는 것들의 증거
니"(히 11:1)라고 신앙을 정의한다.

---

130) Blais Pascal, 〈팡세: 생각, 편지 및 다른 작품들〉(The Pensées: Thoughts, letters and minor works), Section VII, p. 430.
131) Richard Dawkins, 〈모든 악의 근원〉(The Root of All Evil) Bonus DVD: 갈라파고스 제도.

리처드 도킨스는 "아무도 어떤 증거를 제시하지 않았다"[131]고 말한다. 하지만 나는 이 주장에 이의를 제기하고 싶다. 우리가 우리 신앙의 기초를 두는 이 증거란 무엇인가? 그것은 누적되어 온 문제로, 이제 삼위일체의 구조를 가지고 고려해 보기로 하자.

I. 창조주 하나님의 증거

사도 바울의 주장은 이러하다: "창세로부터 그의 보이지 아니하는 것들 곧 그의 영원하신 능력과 신성이 그가 만드신 만물에 분명히 보여 알려졌나니 그러므로 그들이 핑계하지 못할지니라"(롬 1:20). 이 주장의 증거는 무엇인가?

1. '무'(無) 대신에 '무언가'가 존재한다는 사실로부터의 증거

우리는 본서의 1장에서 과학자들은 어떻게 우주가 항상 여기에 존재하지 않았고, 수십억 년 전에 '빅뱅'과 함께 시작되었다는 믿음을 지향하고 있는가를 살펴보았다. "빅뱅의 존재는 그 이전에 무엇이 일어났으며, 누가 혹은 무엇이 책임이 있는가의 논점을 교묘히 회피하고 있다." [132] 이 견해는 거의 대중적이지 않다. 스티븐 호

---

132) Francis Collins, 〈신의 언어: 유전자 지도에서 발견한 신의 존재〉(The Language of God: A Scientist Presents Evidence for Believe), Pocket Books, 2007, p. 66.

킹은 "많은 사람들은 시간에 시작이 있었다는 개념을 좋아하지 않는다. 왜냐하면 그것은 하나님의 개입의 기미를 보이기 때문일 것이다"[133]라고 말했다. 만약 과학자들이 빅뱅이 세계가 시작했을 때의 모습이라고 주장한다면 "무엇이 빅뱅을 일으켰는가? 그것은 무에서부터 온 것인가 아니면 하나님에 의하여 생겨난 것인가?"의 질문을 미해결 상태로 두게 되는 것이다.

천체 물리학자인 로버트 자스트로(Robert Jastrow)는 그의 책 〈신과 천문학자들〉(God and the Astronomers)의 마지막 문단에서 다음과 같은 글을 썼다.

> 이 순간에 과학은 창조의 신비의 막을 결코 열어 보일 수 없는 것처럼 보인다 … 이제 우리는 천문학적 증거가 결국 세계 창조의 기원에 대한 성경적 관점이 된다는 사실을 알 수 있다. 세부적인 것은 다르지만 본질적 요소, 천문학상의 현상 및 창세기의 성경적 기록이 동일하다는 것이다. 일련의 사건들을 통하여 빛과 에너지가 번뜩였던 갑작스럽고도 명확한 순간에 인간 존재의 시작을 가능케 하였다.[134]

---

133) Stephen Hawking, 〈시간의 역사〉(A Brief History of Time), Bantam Press, 1988, p. 46.

여기에서 핵심적인 질문은 "원인 없는 사건이 일어날 수 있는 가?"이다. 이것과 관련한 유명한 예화는 하이드 파크 센터에서의 무신론 연설가의 이야기이다. 그는 하나님에 대한 신앙을 공격하며 세상은 저절로 생겨났다고 주장했다. 바로 그때, 누군가가 물렁한 토마토를 세게 던졌다. 토마토는 그의 얼굴에 명중하고 말았다. 그는 화를 버럭 내며 "누구야?" 하고 소리쳤다. 무리 중 뒤편에 있던 런던 토박이가 "아무도 던지지 않았슈. 저절로 그렇게 된 거예유"라고 외쳤다.

2. 우주의 '묘한 조화' 로부터의 증거

1장에서 보았듯이, 스티븐 호킹과 같은 과학자들은 "우주론자들이 우주의 출발점으로 보는 최초 폭발에 있어서, 아주 극소의 차이만 났더라도 의식 있는 생명이 존재할 수 없는 세상으로 끝났을 것이다"[135]라고 설명하였다. 이전의 미국항공우주국(NASA)의 연구소 소장인 로버트 자스트로에 의하면 우주의 묘한 조화는 "과학이 지금까

---

134) Robert Jastrow, 〈신과 천문학자들〉(God and the Astronomers), W.W Norton, 1992, p. 107, p. 14.
135) Lesslie Newbigin, 〈헬라인에게는 미련한 것이요〉(Foolishness to the Greeks), SPCK, 1986, p. 72.

지 알아내지 못한 하나님의 존재의 가장 강력한 증거"[136]인 것이다.

옥스퍼드대학교의 수학과 교수인 로저 펜로즈(Roger Penrose) 경은 다음의 사실을 발견하였다: "우리가 살고 있는 것과 닮은 우주를 생산하기 위하여 창조주는 터무니없이 작은 부피의 위상 공간(位相空間)을 목표—10대 10의 123제곱 되는 위력의 한 부분 정도—로 하여야 할 것이다."[137] 존 휴턴 경은 다음과 같이 진술한다: "만약 지구상의 모든 나무가 종이로 변하고, 모든 종이가 1 앞의 수인 0들로 덮여 있다면, 그것은 1이란 숫자를 정의하기에 충분한 수 0이 되지 못한다. 0이 우주의 모든 원자 위에 놓일 수 있다면, 필요로 하는 0의 숫자는 턱없이 모자랄 것이다."[138] 또 그는 이렇게 논평한다: "그렇게도 묘한 조화 속에서의 치밀한 정확성, 크기, 에너지, 정밀성—이 모두는 우리의 무한한 상상력을 초월한 묘사를 요구하는—그러한 것이 바로 하나님이 창조하신 우주의 경이로움과 장엄함이다. 크기, 에너지, 정밀성은 하나님의 특성이다. 우리 인간이 존재하려면 엄청난 크기와 시간의 척도를 가진 완전한 우주가 필요한 것이다."[139]

---

136) Paul Badham, 〈Church Times〉, 2007년 10월 26일.
137) Roger Penrose, 〈황제의 새 마음〉(The Emperor's New Mind), Oxford University Press, 1989, pp. 445-6.
138) John Houghton, 〈위대한 과학, 위대한 하나님〉(Big Science, Big God), p. 3.
139) Ibid.

앤서니 플루(Anthony Flew) 교수는 수년간 유명한 무신론자, 무신론 운동의 리더로 가장 영향력 있는 합리주의 무신론 철학자 중 한 사람이었다. 그런 그가 2004년에 마음을 달리 먹었다. 성경의 하나님을 믿지는 않았으나 분명히 하나님이 계신다는 것을 믿기에 이르렀다. 그가 마음을 바꾼 이유는 두 가지였다. 첫째, 우주엔 시작이 있다는 사실과, 둘째, 이 우주는 너무도 정교하게 조화를 이룬다는 사실이다. "플루는 한평생 고수하던 무신론을 포기하고 이제 그는 하나님이 존재한다는 것을 받아들인다. 그 자신의 말로 '증거가 이끄는 데까지' 가야만 했다. 그리고 지금은 '하나님에 대한 옹호론이 이전보다 훨씬 더 강하다는 것'을 인식한다."[140]

3. 인간 본성의 증거

도킨스 자신은 옳고 그름의 분별력을 가졌음에 틀림없다. 그렇지 않으면 '선'과 '악' 같은 단어들을 사용할 수 없기 때문이다. '보편적인 선, 절대적인 선 혹은 절대적인 악'과 같은 것이 사실상 없다면 논리적으로 그 단어들은 사용될 수 없다. 철학자 데이비드 흄은 "이다(is)로부터 ~해야 한다(ought)를 끌어낼 수 없다"[141]고 지적

---

140) Ibid.

했다. 사태가 있는 그대로라면, 절대적인 옳음과 절대적인 틀림이 있을 수 없다는 것이다. 하지만 옳고 그름의 분별은 어디에서부터 오는 것인가? 우리 모두는 태어날 때부터 옳고 그름에 대한 지각을 가지고 있다. 도킨스 자신도 마찬가지다. 하지만 그 능력은 어디에서 오는 것인가? 바울은 우리는 그렇게 창조되었다고 말한다. 하나님은 우리를 양심을 가진 존재로 만드셨다. 그는 율법의 요구가 우리의 마음에 새겨져서 때론 고발하고 때론 변명하는데, 이는 우리에게 양심이 있기 때문이라는 것이다(롬 2:15)

히포의 주교 성 어거스틴(354~430)은 "당신(하나님)은 당신 자신을 위하여 우리 인간을 창조하셨기에 우리의 영혼은 당신의 품 안에서 안식을 누릴 때 비로소 평안을 얻을 수 있습니다"[142]라고 고백했다. 이것은 모든 인간의 마음속에 있는 공허를 경험한 증거이다. 우리는 내면 깊은 곳으로부터 물질적인 것만으로는 만족할 수 없고, 인간관계마저도 충분치 않음을 깨닫게 된다. 그의 당대 최고의 칼럼니스트였던 버나드 레빈(Bernard Levin, 그리스도인이 아니었음)은 인생의 의미에 대한 불충분한 해답을 너무나 잘 아는 듯 보였다. 그는 다음과 같은 글로 표현하였다.

---

141) David Hume, 1783, 문헌 미상.
142) St. Augustine, 〈참회록〉(Confessions), Book 1, Section 1.

우리와 같은 여러 나라에는 온갖 물질적 안락과 동시에 행
복한 가족 등의 비물질적 복을 누리는 많은 사람들이 있
다. 하지만 그들은 단조롭게, 때로는 떠들며, 절망을 느끼
며, 혹은 그들 내면에 구멍이 있다는 사실만을 인식하며
살아간다. 아무리 진수성찬과 음료수를 그 진공에 부어 넣
더라도, 아무리 많은 차들과 텔레비전으로 그 구멍을 채
우더라도, 아무리 잘 자란 자녀들과 신실한 친구들이 그
구멍 주위를 행진해 가더라도 … 우리 속의 진공은 극심한
고통을 느낄 뿐이다.[143]

이러한 마음의 상태는 인간이라면 누구나 경험하는 바이다. 브
리태니커 백과사전에 의하면, 세상 사람들의 2.5퍼센트만이 무신론
자라고 한다. 이 세상에서 많은 사람들이 하나님을 믿거나 혹은 하
나님의 존재 가능성에 마음 문을 열고 있다는 사실을 어떻게 설명
할 수 있겠는가?

앞서 도킨스는 그의 '문화적 유산의 구성 요소' 이론과 더불어
이 질문을 제기한 바 있었다.[144] 그는 종교란 일종의 불건강한 바이

---

143) Bernard Levin의 허락을 받아서.
144) Richard Dawkins, 〈만들어진 신〉(The God Delusion), Black Swan, 2007, p. 191.

러스로, 실제로 전 인류에게 영향을 끼쳤다고 주장했다. 하지만 엄격히 말한다면, 도킨스는 이 주장을 강력히 밀고 나가는 것 같지는 않다. 왜냐하면 그것은 절대적인 증거가 없는 이론이기 때문이다. 그 자체가 맹신을 요구할 뿐이다.

도킨스는 〈만들어진 신〉에서 사람들은 양육된 대로 믿기 마련이라고 말한다. 그러면서 그것이 바로 그가 자녀들을 그리스도인으로 키우지 못하게 하고 싶은 이유라고 덧붙인다. 하지만 교육을 어떻게 받았는가는 수없이 많은 사람들이 왜 신앙을 가지는가의 문제를 해결하지 못한다. 언젠가 한 학생이 캔터베리 대주교인 윌리엄 템플(William Temple)에게 "당신이 믿는 것은 당신이 그렇게 양육되었기 때문이죠"라고 물었다. 이에 템플의 응답은 다음과 같았다: "그럴 수 있겠지요. 하지만 결국 당신이 자라 온 방식 때문에 '내가 그렇게 양육되었기 때문에 믿는다'고 당신이 믿는다는 사실이 남았어요."

도킨스도 신앙이란 마음의 소원하는 바가 성취되는 것이라고 말했다. 이 이론은 종교를 싫어했던 독일의 급진파 철학자 루트비히 포이어바흐(Ludwig Feuerbach)까지 거슬러 올라가게 된다.

1841년 포이어바흐는 하나님은 형이상학적이며 영적인

위안을 제공하는, 인간이 생각해 낸 발명품이라고 주장하였다. 그의 논쟁은 이와 같이 전개되었다. 하나님은 없다. 하지만 많은 사람들이 하나님이 존재한다고 믿는다. 왜? 그 이유는 위안을 받고 싶기 때문이다. 그리하여 그들은 그들이 바라는 것을 '투사' 하거나 '구체화' 하여 이것을 '하나님' 이라고 부른다. 따라서 이 존재하지 않는 '하나님' 은 단순히 인간 갈망의 투영일 뿐이다.[145]

하지만 C. S. 루이스가 지적한 대로 "그러한 소원 성취는 성경에 기록된 하나님과는 전혀 다른 종류의 하나님을 탄생시키게 될 것이다".[146] 우리가 무엇인가를 바란다는 이유만으로 그것이 존재하지는 않는다. 예컨대, 인간의 갈증은 그 갈증을 해소시켜 줄 물의 존재를 가리킨다. 물론 무신론을 포함한 모든 세계관은 인간 필요와 열망에 대한 응답이다. 무엇인가를 소원한다고 해서 그 무엇인가의 존재 혹은 부재가 보장되는 것은 아니다. 누군가가 칼로리가 없는 몹시 달고 아몬드가 든 초콜릿을 잔뜩 먹고 싶어 한다고 하자. 그런 것은 존재하지 않는다. 달리, 나는 목마름을 채우기 위하여 한 잔의

---

145) Alistair McGrath with Joanna Collicut McGrath, 〈도킨스의 망상〉(The Dawkins Delusion?), SPCK, 2007, p. 28.
146) Francis Collins, 〈신의 언어: 유전자 지도에서 발견한 신의 존재〉(The Language of God: A Scientist Presents Evidence for Believe), Pocket Books, 2007, p. 37.

물을 마시고 싶어 할 수 있다. 무신론은 우리 내면에 있는 무언가가 도덕적 자율을 원하기 때문에 소원 성취의 형태라고 말할 수 있다. 즉 누군가가 우리에게 무엇인가 잘못을 꼬집어 줄 때 우리는 별로 좋아하지 않는다. 흔히 말하듯, 사람들은 자유롭게 살아가고 싶어 한다.

모든 인간의 마음엔 이러한 하나님이 만드신 구멍이 있다는 사실을 부인할 수 없을 것이다. 이것과 관련하여, 파스칼은 "… 끝없는 심연은 무한하며, 불변의 대상으로만 메워질 수 있다. 즉, 하나님만이 채우실 수 있다"[147]고 진술하였다. 환언하면, 인간의 마음엔 예외 없이 하나님이 만드신 진공이 있다. 이는 어떤 피조물로도 채워질 수 없고, 오직 예수 그리스도 안에서 선포된 창조주 하나님에 의해서만이 충족될 수 있다는 것이다.

---

147) Blais Pascal, 〈팡세: 생각, 편지 및 다른 작품들〉(The Pensées: Thoughts, letters and minor works), Section VII, p. 425.

II. 자유케 하시는 하나님의 증거

존 스토트(John Stott)는 이렇게 쓴다.

하나님은 창조하신 우주의 질서정연한 아름다움 속에서 부분적으로 계시되셨다. 또한 역사, 경험, 인간 양심 및 인간의 의식을 통해서도 계시되신다 … 하지만 하나님의 완전하며 궁극적인 자아 계시는 예수 안에서만, 예수를 통해서만 나타난다 … '그것이 바로 기독교 진리에 대한 깊은 탐구를 역사상 중요한 인물인 예수에서 시작해야 하는 이유인 것이다.' [148)]

1. 예수 생애의 증거

도킨스는 〈만들어진 신〉에서 이렇게 말한다: "심지어 널리 지지

---

148) John Stott, 〈진정한 기독교〉(Authentic Christianity), Intervarsity Press, 1996, p. 47.

를 받지는 못하지만 예수가 실존 인물이 아니었다는 주장을 진지한 역사적 사실로 다룰 수도 있다."[149] 하지만 이 주장이 크게 지지를 얻지 못하는 이유는 예수의 존재에 대한 상당히 많은 증거가 있기 때문이다. 이 사실은 복음서와 다른 기독교 서적뿐 아니라 비기독교 자료에도 근거한 것이다(부록 참조). 예컨대, 역사가 타키투스(Tacitus)는 "그들(그리스도인들)이 그들의 이름을 얻은 그리스도는 티베리우스 황제의 통치 시 우리의 총독 중 한 분인 본디오 빌라도에 의하여 극형(십자가의 죽음)에 처하게 되었다"[150]고 기록하였다.

예수의 존재에 대한 증거는 신약성경 외에서도 찾을 수 있다. 신약성경이 없을지라도 우리는 여전히 예수에 관한 다음의 사실을 알 수 있을 것이다.

- 나사렛 예수는 본디오 빌라도 총독의 통치 기간에 살았던 실제 인물이었다.
- 그는 뛰어난 선생이었다.
- 그는 기적을 행하는 자로 명성을 얻었다.
- 그에 관한 대중의 의견이 분분하였다.

---

149) Richard Dawkins, 〈만들어진 신〉(The God Delusion), Black Swan, 2007, p. 97.
150) 로마 역사가 타키투스, '로마의 대화제'(Great Fire of Rome)를 걱정하며, 〈연대기〉(Annals), 15권, 44장 (c.116), p. 44.

- 그는 당국에 도전하였다.
- 그는 십자가에 못 박혀 처형되었다.
- 그의 영향력은 십자가의 죽음 후 급속도로 파급되었다.[151]

　우리는 신약성경의 증거도 가지고 있다. 리처드 도킨스는 이 점을 잊어버린 채 이렇게 언급한다: "많은 다른 '차이니즈 위스퍼(한 줄 맨 앞의 사람이 하나의 어구나 한 문장의 말을 그 뒤 사람에게 속삭이듯 전달하면, 그는 듣고 그 다음의 뒷사람에게 전한다. 계속 이런 식으로 하여 맨 마지막 사람이 그가 들은 것을 발표할 땐 그동안 누적된 오류로 전혀 다른 말이 나오게 되는 일종의 게임) 세대'를 통하여 자신의 종교적인 목표를 가졌다. 하지만 오류를 잘 범하는 서기관들에 의해서 모든 복음서가 복사되고 재복사되었다."[152] 이 논평은 원문 비평이 어떻게 작용하는가에 대한 오해를 드러낼 뿐이다. '차이니즈 위스퍼' 게임엔 한 번에 한 사람을 통하여 전달되어지는 메시지가 있다. 따라서 어떤 한 사람이라도 오류를 범하면 메시지가 굉장히 부정확하게 되는 결과를 초래한다. 하지만 복음서 사본의 많은 복사물은 전달의 각 지점에서 꼼꼼하게 이루어지므로 어떤 오류도 쉽게 확인될 수 있다. 사실상 우리는 24,000개 이상의 사본을 가지고 있다(부록 참조). 이것보다 더 많은 사

---

151) John Young과 David Wilkinson의 요약, 〈그리스도 반대론〉(The Case Against Christ), Hodder & Stoughton, 2006, p. 148.
152) Richard Dawkins, 〈만들어진 신〉(The God Delusion), Black Swan, 2007, p. 97.

본을 가지고 있는 고문서는 존재하지 않는다. 또한 이것보다 원전에 더 충실한 복사판이 없으며, 다양한 것들 간에 이것보다 덜 차이를 보이는 것도 없다. 어느 세속적인 역사가도 복음서 저자들이 무엇을 기록하였는가를 확실히 알 수 있다는 사실을 인정할 수밖에 없을 것이다.

게다가 예수님의 생애에 대한 주요 증거는 복음서에서 나타난다. 리처드 도킨스는 "공식적인 성경 정전(正典)으로 정해진 사복음서는 다소 임의로 된 것이다"[153]라고 언급한다. 이것은 진실이 아니다. 복음서는 사도적 권위, 보편성 및 정통성에 기초하여 선택된 것이다. 또 도킨스는 "〈다빈치 코드〉와 복음서 사이의 유일한 차이는, 복음서는 고대 소설이고, 〈다빈치 코드〉는 현대 소설인 점"[154]이라고 한다. 언젠가 알버트 아인슈타인이 신약성경을 예수 생애의 유력한 역사적인 증거로 받아들이는가의 질문을 받았을 때, 그의 답변은 이러하였다: "의심할 바가 없죠! 아무도 예수의 실제적인 임재를 느끼지 않고는 복음서를 읽을 수 없어요. 그의 인격은 모든 단어 속에서 고동치고 있어요. 어떤 신화적 인물도 그러한 생애로 채워질 수 없죠."[155]

---

153) Ibid., p. 95.
154) Ibid., p. 97.

최근 학자들은 사료 편찬의 다양한 기술을 사용하고 구전의 불순물 제거 과정을 거칠 때, 복음은 아주 강력한 힘을 발휘한다는 사실을 밝혔다. 예컨대, 세인트앤드루스대학교의 저명한 신약학 교수인 리처드 보캄(Richard Bauckham)은 예수의 삶과 죽음, 그리고 부활을 목격한 자들은—그들의 전 생애를 통하여—복음서 저자들이 이야기 형식으로 체계화시킨 예수에 관한 구전이 가장 인정받고 권위 있는 원천이 된다고 설득력 있게 주장하였다. 이에 덧붙여서, 복음서의 원문은 19세기와 20세기의 많은 학자들이 철저히 통찰한 것보다 목격자들의 실제적인 이야기에 훨씬 더 근접한다는 것이 분명하다.[156]

2. 예수 정체성의 증거

리처드 도킨스는 "예수 자신이 하나님이라고 생각했다는 유력한 역사적인 증거가 없다"고 언급한다. 그러나 그 사실을 입증하는

---

155) 1929년 10월 26일 〈Sunday Evening Post〉와 한 인터뷰에서, 〈아인슈타인과 신앙: 물리학과 신학〉(Einstein and Religion: Physics and Theology), by Max Jammer (Princeton University Press, 1999)에서 인용된 것.

156) 예컨대, Richard Bauckham의 〈예수와 목격자들〉(Jesus and Eyewitnesses, Eerdmans, 2006) 그리고 Craig Blomberg의 〈복음서의 역사적 신뢰성〉(The Historical Reliability of the Gospels)을 참고하라.

세 가지의 중요한 증거가 존재한다(이 주장의 심층적 분석을 위하여 부록을 참조하라).

첫째, 예수님의 가르침은 자신에게 집중되어 있었다. 대부분의 위대한 종교 지도자들은 그들 자신을 겨냥하지 않는다. 겸손하고, 자기를 내세우지 않는 분인 예수님은 사람들의 주의를 하나님께로 돌리려는 목적으로 자기 자신에게로 집중시킨다. 그는 "나를 본 자는 아버지를 보았거늘 어찌하여 아버지를 보이라 하느냐"(요 14:9)라고 말씀하셨다. 둘째, 죄를 용서하실 수 있다는 예수님의 주장과 같은 간접적인 주장이 있다. 예수님께서 죄를 용서하시는 것을 본 사람들은 "오직 하나님 한 분 외에는 누가 능히 죄를 사하겠느냐"(막 2:7)라고 하였다. 셋째, 예수님께서 직접 했던 주장이 있다. 도마가 예수님 앞에서 무릎을 꿇고 "나의 주님이시요 나의 하나님이시니이다"(요 20:28)라고 고백하는 순간이 절정이다. 그러고 나서 예수님은 이를 수락하신다. 또한 예수님께서 "나와 아버지는 하나이니라"(요 10:30)고 말씀하신 적도 있었다. 유대인들이 예수님께 돌을 던지기 시작했을 때, 그는 "어떤 일로 나를 돌로 치려 하느냐?"고 물으셨다. 이에 그들은 "네가 사람이 되어 자칭 하나님이라 함이로라"(요 10:33)며 신성 모독 죄로 돌을 던진다고 하였다.

하나님으로 정체를 드러내었던 예수님 자신을 인간으로 보았다는 역사적인 증거도 있다. 그 사실이 맞다면, C. S. 루이스는 우리에겐 세 가지의 논리적 가능성이 있다고 지적하였다. 첫째, 그 주장이 진실일 수 있다. 둘째, 그 주장은 진실이 아닐 수 있으며, 그리고 예수가 자신이 사기꾼과 악한 거짓말쟁이인 경우에 그 주장은 진실이 아니라는 것을 뻔히 알고 있었다. 셋째, 예수의 주장은 진실이 아닐 수 있다. 하지만 그가 착각하고 있을 경우엔 그의 주장이 진실이 아니라는 것을 깨닫지 못한다.[157]

리처드 도킨스는 너무나 명백하여 언급할 필요조차 없는 것, 즉 예수가 잘못 생각하고 있다는 네 번째 가능성을 제시하면서 루이스의 주장을 걷어치운다. 도킨스는 예수가 정말로 자신이 하나님이라고 생각은 하였으나, 착각을 한 세 번째 범주에는 속하지 않았다고 말한다. 물론 당신은 살아가면서 어떤 것들에 대하여 잘못 생각할 수 있지만 착각도 하지 않고 미치지 않을 수도 있다. 당신은 자신이 훌륭한 테니스 선수라고 잘못 생각하고도 미치지 않을 수 있다. 하지만 확실히 당신은 당신이 하나님이라고 생각하면서도 착각하지 않을 수 있다. 〈만들어진 신〉의 아이러니는 도킨스가 하나님이 계신다고 잘못 생각하는 것은 착각이지만, 당신이 하나님이라고 잘못 생각하는 것은 착각이 아니라는 입장을 취하면서 끝을 맺는다. 그

---

157) Ibid.

는 모든 그리스도인들은 하나님이 계신다고 믿기 때문에 착각하고 있지만, 예수는 설사 자신을 하나님이라고 생각했다 할지라도 착각은 하지 않았다고 말한다. 이 주장은 논리적으로 전혀 맞지 않는다.

루이스가 제시한 세 가지의 가능성 중 어느 것이 옳은가를 평가하기 위하여 우리는 예수님의 생애, 그의 가르침, 그의 인격─리처드 도킨스조차도 예수에게서 흠을 발견할 수 없는─예언에 대한, 그리고 그의 성취 및 부활에 대하여 우리가 가지고 있는 증거를 살펴볼 필요가 있다(이 증거에 대한 자세한 고찰은 부록을 참조하라).

3. 예수의 죽음과 부활에 대한 증거

죽은 자 가운데서 살아나신 예수 그리스도의 육체적인 부활은 기독교의 초석이다. 하지만 〈만들어진 신〉에서 도킨스는 그것에 대한 증거를 결코 고려하지 않는다. 가장 유력한 근거를 제기하지 않는 것은 논쟁에 있어서 약점으로 드러날 뿐이다. 간단히 처리할 자료를 찾기란 쉽다. 그러나 기독교에선 신앙이란 그렇게 버릴 것이 아니라 오히려 가장 중요한 장점으로 선택해야 한다.

나의 경우, 하나님이 계신다는 사실을 믿게 된 것은 예수님의 생애, 죽음 및 특히 부활을 통해서였다. 세계적으로 유명한 신약학 학자인 톰 라이트(Tom Wright)는 다음과 같이 피력한다: "기독교의 주장은 우리가 이미 알고 있는 차원의 하나님으로 예수를 이해해야 한다는 것이 아니다. 오히려 예수님의 부활은 이 세상엔 창조주가 계신다는 것과 그 창조주는 예수님에 의하여, 예수님의 렌즈를 통하여 깨달아지는 분이라는 진리를 강력히 시사하는 것이다."

부활 사건이 진짜로 일어났다는 증거는 무엇인가? 조사해 보아야 할 네 가지의 역사적 사실들이 있다(부록 참조).

- 장사 지낸 바 된 예수님
- 그의 빈 무덤의 발견
- 그의 사후의 나타나심에 대한 목격자들의 이야기
- 그의 부활을 믿은 제자들의 신앙의 기원

톰 라이트는 그의 책 〈하나님의 아들의 부활〉(The Resurrection of the Son of God)에서 우리는 두 가지의 사실들에 직면해야 하며, 그 둘이 합쳐질 때 굉장한 힘을 발할 수 있다는 말로 마무리한다.

> 우리에겐 안전한 역사적인 결론이 남아 있다. 무덤은 텅
> 비었고, 예수님과 그의 추종자들뿐·아니라 … 또한 예수

님과 그의 추종자가 아니었던 사람들 사이에서도 다양한 '만남'의 사건이 일어났다. 나는 이 결론을 주후 14년의 아우구스투스 황제의 사망이나 주후 70년 예루살렘의 함락과 같이 확실한 역사적인 가능성을 지닌 동일한 범주에 속한 사건으로 간주한다.[158]

라이트는 계속해서 전 세계에서 일어났던 기독교의 폭발적 증가를 설파하며 이렇게 언급한다: "그것이 바로 역사가인 내가 예수님이 다시 살아나셔서 빈 무덤을 남기지 않았더라면 초대 기독교의 부흥을 설명할 수 없는 이유인 것이다."

예수님의 부활 사건은 절대적으로 중심이 되는 요소이다. 왜냐하면 예수님은 참 하나님이며 동시에 인간이었다는 모든 증거를 보게 되면, 그가 무엇을 하러 오셨는가에 대한 우리의 이해가 바뀌게 될 것이기 때문이다.

리처드 도킨스는 십자가를 "잔인하고 자기학대적이며 혐오감을 주기에 우리는 그것을 미친 짓으로 처리해야 한다"[159]고 생각한다.

---

158) N. T. Wright, 〈하나님의 아들의 부활〉(The Resurrection of the Son of God), Fortress Press, 2003, p. 710.
159) Richard Dawkins, 〈만들어진 신〉(The God Delusion), Black Swan, 2007, p. 253.

예수님께서 하나님이 아니라면 그럴 수 있을지 모른다. 하지만 바울은 "곧 하나님께서 그리스도 안에 계시사 세상을 자기와 화목하게 하시며 그들의 죄를 그들에게 돌리지 아니하시고 화목하게 하는 말씀을 우리에게 부탁하셨느니라"(고후 5:19)고 기록한다. 하나님은 우리의 죄를 짊어지고 대신 죽으신 그리스도 안에 계셨다. 바로 그 은혜가 사람들의 삶을 변화시키는 것이다. 바울은 고린도전서 1장에서 십자가의 메시지가 헬라인에게와 학자들과 철학자들에게는 미련한 것이지만, 십자가를 경험하는 우리에게는 하나님의 능력이 된다고 역설한다. 예수 그리스도가 해방자로 오셨기 때문에 십자가는 우리의 인생에 변화를 일으키며, 우리를 자유롭게 할 수 있는 것이다.

III. 변화를 일으키는 분이신 하나님의 증거

많은 사람들에게 하나님의 존재에 대한 가장 감명 깊은 증거는
변화된 삶과 변화된 공동체의 실재일 것이다. 사도 바울은 "우리가
… 그와 같은 형상으로 변화하여 영광에서 영광에 이르니 곧 주의
영으로 말미암음이니라"(고후 3:18)고 기록한다.

1. 바울과 사도들의 변화된 삶의 증거

사도들이 부활하신 예수 그리스도를 믿고 성령의 기름부으심을
경험함으로써 그들의 삶이 변화되었다는 역사적 증거가 허다하다.
한 가지 예를 들어 보자. 교회를 핍박하던 바울은 기독교의 주도적
인 지지자가 되었다. 무엇이 이런 급격한 변화를 일으켰는가? 바울
은 분명히 대답한다. 십자가에 못 박히셨던 예수가 죽은 자들 가운
데서 부활하신 것을 보았다: "내가 … 예수 우리 주를 보지 못하였
느냐"(고전 9:1). 그는 일찍이 그리스도가 나타나셨던 순서를 열거하
고 덧붙인다: "맨 나중에 만삭되지 못하여 난 자 같은 내게도 보이

셨느니라"(고전 15:8). 사도행전의 증거도 다시 사신 예수를 보았다는 바울의 주장을 확증한다(행 9:4, 22:7, 26:14).

얼마 전, 유명한 무신론 변호사인 혼 조지 로드 리틀톤(Hon George Lord Lyttleton)과 길버트 웨스트(Gilbert West)는 기독교 신앙을 멸절시키려는 단호한 결단을 하였다. 그들은 두 가지의 것—성 바울의 회심과 예수 그리스도의 부활—을 훼손하자고 합의를 보았다.

리틀톤이 웨스트에게 말했다: "나는 다소의 사울이 사도행전에 기록된 대로 결코 회심하지 않았다는 것을 입증하는 책을 쓸 것이오." 웨스트는 "나는 예수 그리스도가 죽은 자들 가운데서 다시 살아나지 않았음을 증명하는 책을 쓸 것이오"라고 응답했다.

각각 책을 쓴 후 두 사람은 함께 만났다. 웨스트가 리틀톤에게 "어떻게 썼어요?"라고 물었다. 리틀톤은 이렇게 답변했다: "〈성 바울의 회심과 사도직에 대한 관찰〉(Observations on the Conversion and Apostleship of St. Paul)이라는 제목의 책이지요. 내가 합법적인 관점에서 증거를 연구한 후 다소의 사울은 사도행전의 기록대로 회심을 하였으며, 완전히 새로운 사람이 되었다는 것을 확인하였고, 나 자신도 그리스도인이 되었어요. 당신은 어떤 내용을 담았나요?"

그 질문에 대한 대답으로 웨스트는 "나도 합법적인 관점으로 예수 그리스도의 부활에 대한 증거를 엄밀히 조사하고, 나사렛 예수는 마태, 마가, 누가 및 요한이 기록한 대로 죽은 자 가운데서 부활하였다는 사실에 만족했어요"라고 토로하였다.

웨스트 책의 제목은 〈예수 그리스도의 부활의 역사와 증거에 대한 관찰〉(Observations on the History and Evidences of the Resurrection of Jesus Christ)이었다. 책 표지 안쪽에 그는 전도서 11장 7절의 말씀(외경)을 인용하여 적어 두었다: "진상을 조사하기 전에 비난하지 말라." 리틀톤은 성 바울의 변화된 삶의 증거에 대하여 이렇게 썼다: "성 바울의 회심과 사도직이 정당하게 고찰된다면, 그 하나만으로도 기독교가 하나님의 계시임을 드러내기에 충분한 증거가 된다."[160]

2. 교회 역사와, 변화된 사람들과 공동체의 증거

어거스틴의 회심, 마틴 루터의 회심, 웨슬리의 회심 등 수많은 예들이 있다. 개인적으로 나는 우리 교회와 세계 전역에 걸쳐 알파

---

160) Lord Lyttleton, 〈성 바울의 회심과 사도직에 대한 관찰〉(Observations on the Conversion and Apostleship of St. Paul), 1947.

코스에서 삶이 변화된 사람들의 간증을 부지기수로 들었다. 전형적인 대화는 이렇게 전개된다.

> "당신은 그리스도인이었습니까?"
> "아니오."
> "무슨 일이 일어났나요?"
> "예수님을 만났습니다."
> "예수는 당신의 인생에 어떤 변화를 주셨나요?"
> "나의 아내와의 관계에 변화를 경험하게 하셨어요."
> "예수는 약물 중독으로부터 나를 해방시키셨지요."
> "그는 나를 알코올중독으로부터 자유롭게 해 주셨어요."

이제 하나의 실례를 들겠다. 프랜시스 콜린스는 앞서 언급한 대로 오늘날 저명한 과학자 중 한 사람이다.

> 나는 버지니아 주 작은 농장에서 자유사상을 지닌 부모 밑에서 자라났다. 그들에겐 신앙이 그리 중요하지 않았다 …
> 나는 처음엔 불가지론자, 그 다음엔 무신론자가 되었다
> … 어느 날 오후, 살 날이 몇 주밖에 남지 않았던 다정한 할머니가 나에게 자신의 신앙 이야기를 들려주었다: "박사님, 당신은 무엇을 믿나요?" 나는 그 방을 도망쳐 나왔

고, 나의 발아래에서 무신론자의 냉정함이 발동하는 것 같은 불안감을 느꼈다. 왜 그랬는지 이유는 전혀 알 수 없었다. 그러자 내가 불안해하는 이유가 갑자기 떠올랐다. 나는 과학자였다.

나는 증거에 기초하여 결정을 내려야 하는 사람이었다. 하지만 나는 그때까지 한 번도 신앙에 대한 찬반의 증거를 고려해 본 적이 없었다.

내가 더 깊이 증거를 탐구하였을 때, 주위 사방에서 하나님이라고만 불릴 수 있는 자연 밖의 어떤 것으로 인도하는 푯말을 보기 시작했다. 과학적 방법은 사물이 어떻게 (HOW) 작동하는가에 대한 질문에 대답할 수 있는 것임을 깨닫게 되었다. 그것은 왜(WHY)라는 질문―사실상 가장 중요한 것―에는 해답을 줄 수가 없었다. 무(無) 대신에 왜 무엇인가가 존재하는가? 왜 수학은 자연을 그렇게도 아름답게 묘사하는 일을 하는가? 왜 우주는 그렇게도 정확하게 조화를 이루어 생명을 가능케 하는가? 왜 우리 인간은 보편적으로 옳고 그름에 대하여 분별하며, 옳은 것을 행하고 싶은 충동을 느끼는가?

이러한 사실들에 직면하면서, 나는 나 자신의 가정—신앙은 이성과 정반대되는 것—이 틀렸다는 것을 인지했다. 나는 철이 들었어야 했다. 성경은 믿음을 "바라는 것들의 실상이요 보이지 않는 것들의 증거"로 정의한다. 증거! 동시에 무신론은 사실상 모든 선택 중 가장 합리적이지 않다는 것을 알게 되었다. 체스터턴(Chesterton)이 언급하였듯이, "무신론은 정말로 모든 독선 중 가장 무모한 것이다 ··· 그 것은 전칭부정(全稱否定)의 단언이다". 어떻게 내가 그렇게 단언할 만큼 오만할 수 있겠는가?

2년간 더 연구한 후, 나는 마침내 나 자신의 해답—사랑 많은 예수 그리스도의 인격 안에서—을 발견하기에 이르렀다. 여기에 어느 누구와도 같지 않은 한 분이 있다. 그는 겸손하고 친절하신 분이다. 그는 사회에서 가장 비천한 자들을 찾아가셨다. 그는 원수를 사랑하라는 깜짝 놀랄 만한 말씀을 하셨다. 그는 어떤 평범한 사람이 할 수 없는 중요한 것—죄를 용서하신다는—을 약속하셨다. 줄곧 예수가 신화적 인물이었다고 생각한 것 이외에도, 그가 역사적으로 존재했다는 증거가 실제로 불가항력적인 사실이었음을 알고서 놀랄 뿐이다.

결국, 그 증거는 판단을 요구했다. 내가 28세 되던 해에 태평양 북서부의 장엄한 캐스케이드 폭포의 바위면을 오르는 동안 용서와 새로운 삶의 절실함을 더 이상 부인할 수가 없었다. 나는 항복하고 예수의 제자가 되었다. 그는 내가 딛고 설 바위이며, 무한한 사랑, 평안, 기쁨 및 소망의 원천이시다.[161]

오늘날도 전 세계에 걸쳐 수백만 명의 사람들이 부활하신 그리스도를 경험하고 있다. 이것이 증거인 것이다. 개인의 삶만이 아닌 전 공동체가 변화를 경험하였다. 교회가 증거이다. 교회는 수십억의 남녀들에게 변화를 경험하게 하였다. 그 변화는 사회, 문화, 예술 및 철학에까지 영향을 끼쳤다. 과학을 볼 때, 우리는 교회가 과학적 노력의 모판이 되었다는 사실을 알 수 있다. 교회는 가족생활, 인간의 존엄성, 어린이들의 권리뿐 아니라 가난하고, 병들고, 죽어가며, 집 없는 자들에게도 영향력을 발휘하였다.

---

161) Francis Collins, '국가조찬기도회'에서, 2007년 2월 1일, Washington D. C.

3. 변화된 이해력의 증거

C. S. 루이스는 "나는 떠오르는 태양을 믿는 것처럼 기독교를 믿는다"[162]고 고백하였다. 당신은 떠오르는 태양을 볼 수 있을 뿐만 아니라, 그것 때문에 다른 모든 것도 볼 수 있는 것이다. 루이스의 요점은 믿음에 이르면 이 세상에 대한 이해력이 온통 새롭게 된다는 것이다. 성 어거스틴은 "Credo ut intelligam"(나는 이해하기 위하여 믿는다)라고 말하였다. 이것은 과학에서도 마찬가지다. 이론을 제시하면 그 다음엔 증거를 가지고 그 이론을 시험한다. 우리가 세상을 이해하게 되는 것도 믿음을 통해서이다: "그 안에는 지혜와 지식의 모든 보화가 감추어져 있느니라"(골 2:3). 예수를 믿는 믿음도 이와 같다. 이 우주에 대한 이해도 우리의 믿음을 통해서이다. 이것은 쌍방으로 작용한다. 교황 요한 바오로 2세의 책인 〈신앙과 이성〉 중 "Credo ut intelligam"(나는 이해하기 위하여 믿는다)란 제목의 장이 있다. 그 다음 장의 제목은 "Ingelligo ut Credo"(나는 믿기 위하여 이해한다)이다. 다시 말해서, 당신이 믿게 되면, 당신은 탐구하기를 멈추지 않을 것이다.

리처드 도킨스는 그리스도인들과 하나님을 믿는 사람들은 사고

---

162) C. S. Lewis의 것이라고 함.

를 멈춘 자들이라고 생각하는 듯 보인다. 물론 이것은 사실과는 다르다. 그리스도인이 되면 당신은 매사에 더 관심 있게 되고, 탐구하기 시작하고, 하나님의 우주인 바로 그 우주에 관하여 더 많은 것을 이해하려고 애를 쓰게 된다. 세계를 이해하는 데 도움을 주는 기독교 신학의 두 가지 예는 창조와 타락이라는 두 교리이다. 창조의 교리는 모든 인간에겐 고귀한 어떤 것이 있다는 미의 편재(遍在)성을 설명한다. 타락의 교리는 아무것도 완전하지 않은—창조된 세계와 인간의 마음속 둘 다—이유를 설명한다. 러시아의 위대한 소설가인 알렉산드르 솔제니친(Aleksandr Solzhenitsyn)은 "선과 악을 분리하는 경계선은 국가나 계급이나 정당 간이 아니라 바로 개개인의 마음과 모든 인간의 마음을 통과한다"[163]고 언급한다. 하나님을 믿을 때 세계에 대한 의미를 깨닫기 시작할 것이다. 믿음은 신앙, 무신론, 인간의 마음, 우주의 합리적인 구조, 정의와 우정을 이해할 수 있게 해 줄 것이다.

만약 이 세상에 하나님이 없고 세상이 우연히 생긴 것이라면, 어떻게 사랑을 설명할 수 있겠는가? 본서의 후기에서 그레이엄 톰린은 사랑을 설명하려는 리처드 도킨스의 시도가 만족스럽지 못하다

---

163) Aleksandr Solzhenitsyn, 〈교정(矯正) 노동 수용소 관리국〉(The Gulag Archipelago) 1918-1956, 1973.

고 토로한다.

　　결국에는 둘 중 하나를 선택해야만 한다. 사랑은 '실패한 본능', 즉 우연히 생긴 진화의 부산물이며, 개인이나 유전자의 생존을 위한 숨겨진 전략인가? 혹은 우리가 살아 있는 존재 이유인 실질적인 실재의 중심인가? 도킨스와 기독교 신앙은 이 질문에 대하여 근본적으로 다른 두 개의 해답을 제시한다. 도킨스에게 사랑이란 순전히 우연한 사건이다. 그리스도인들은 사랑을 우리 존재의 모든 것의 가장 중심에 있는 것으로 본다. 우리는 사랑이신 하나님의 형상으로 창조되었기 때문에 사랑하고 사랑받는 것을 배우게 된다. 그것이야말로 우리 존재의 온전한 의미이다. 그리스도인들에게 있어 사랑은 우연한 부산물, 즉 '축복받은 실수'가 아닌, 실제로 인간의 삶과 행복을 누리는 인간 경험의 핵심임을 가르쳐 주는 내적 본능이 있다고 말해 준다.[164]

---

164) Graham Tomlin, 〈신학자의 전망〉(A Theologian's Perspective), p. 106.

결론

각 장의 끝부분에선 나의 경험담을 이야기하였는데, 이 책 또한 그렇게 마무리하고 싶다. 나는 무신론자로 출발하였다. 십 대가 되었을 때 나는 장기간 기독교에 대하여 반론을 폈다. 나의 절친한 두 친구인 니키(Nicky)와 실라 리(Sila Lee)가 그리스도인이 되었다고 고백했을 때 나 또한 탐구하기 시작했다. 그들은 내가 기독교에 관심을 갖도록 격려해 주었다. 나는 신약성경을 읽기 시작했다. 나는 복음서를 하나님의 영감 어린 말씀이기보다는 역사적인 문헌으로 읽었다. 거기에 진리가 있는 듯 보였다. 예수에 대한 증거가 있었고, 나는 선택을 해야만 한다는 것을 알았다. 그것은 분명히 소원 성취는 아니었다. 왜냐하면 그 순간 그 말씀이 진리이고, 내가 그리스도인이 된다면 인생은 즐겁지 않을 거라는 생각이 들었기 때문이었다. 하지만 그 말씀이 진리라면, 나 또한 그리스도인이 되어야만 한다는 결론에 이를 수밖에 없었다. 그리하여 나는 내 인생의 모든 쾌락은 끝났다고 여기며 "네" 하고 응답하였다.

믿음의 첫 발을 내딛는 순간 나는 살아 계신 예수 그리스도, 부활하신 예수 그리스도를 만나게 되었다. 그리고 하나님이 만드신 이 같은 진공이 있었다는 것도 모른 채 한평생 무언가 추구해 왔던 바로 그 존재가 예수 그리스도임을 깨닫게 된 것이다. 아무것도 나를 만족시키지 못했다. 항상 그 다음의 것이 만족을 주지 않을까 하고 찾고 있었다는 사실을 의식하지 못했던 것이다. 예수 그리스도를 통한 하나님과의 관계를 수립했을 때, 그 갈망은 충족되었다. 나는 성령을 통하여 나를 향하신 하나님의 사랑을 경험하였다. 그 사랑 때문에 우리가 하는 모든 것이 이기적이라는 생각을 버릴 수 있었다. 하나님이 계신다면, 그는 그의 사랑으로 우리를 녹이시고, 우리 또한 삶의 변화를 일으키는 사랑을 마음껏 하도록 능력을 부여하신다는 것을 실감하게 되었다. 이것이 바로 내가 지난 33년 동안 경험한 사실이다.

인생이 만만한 게 아니다. 영혼의 어두운 밤이 있고, 의심, 고난 및 우리의 믿음에 도전하는 온갖 것들이 있다. 하지만 내 경험에 의하면 마지막엔 언제나 신앙의 선한 증거가 나타나기 마련이다. 우리의 신앙은 불합리하지 않다. 물론 신앙이란 우리를 창조하신 하나님과의 관계이기에 이성을 초월한 것이다. 나에게 가장 중요한 것은, 사도 바울과 수없이 많은 다른 사람들과 함께 "내가 믿는 자를 내가 알고"(딤후 1:12)를 고백할 수 있다는 것이다.

후기

•

신학자 그레이엄 톰린 박사의 견해

A Theologian's Perspective

도킨스의 〈만들어진 신〉은 하나의 사건이었다. 저자도 깜짝 놀랄 정도로 그 책은 모든 기대를 초월했고, 수개월에 걸쳐 압도적인 베스트셀러가 되었다. 10년 전만 하더라도 종교 서적이 그런 엄청난 반응을 얻는다는 것은 상상조차 할 수 없는 일이었다. 그것은 지난 10여 년 동안 세상이 얼마나 급격히 변화하였는가를 단적으로 보여주는 예이다. 왜 도킨스의 책이 큰 성공을 거뒀는가 하는 의문을 제기하는 일은 흥미진진하다. 거기엔 가능한 많은 이유들이 있다.

첫 번째 요인은 9.11 테러의 영향력이다. 비행기가 트윈 타워를 들이받고 난 이후 공포의 날을 보내고 있다. 그것이 종교 과격론자들의 소행임이 밝혀진 이후로 하나님과 종교는 공공연한 화제로 대두되기 시작했다. 그 이후 마드리드, 런던, 발리, 이라크 및 전 세계의 다른 지역에 대한 공격은 종교적 극단주의의 위험한 현상에 주의를 집중시켰다. 하나님에 대한 신앙이 사람들을 난폭하며 갖은 파괴적인 행동으로 유도할 수 있는 현실이 드러나면서, 많은 사람들은 현대 세계에서 신앙의 잠재된 파괴적인 영향력을 걱정하고 두려워하지 않을 수 없게 되었다.

　우리는 이러한 의심과 분노는 대중매체가 오늘날 종교적 격렬함의 발단으로 지목하는 과격파 이슬람교도를 겨냥하는 것이라고 생각할 수 있다. 하지만 기독교도 그 비난을 피하지 못한다. 지금은 맹렬한 기독교 과격주의의 사례들을 찾아보기 힘들지만, 기독교 교회의 역사는 결코 결백하지 않다. 비평가들이 중세의 십자군, 중세의 반유대주의 혹은 그리스도인을 알카에다와 같은 위험한 광신자로 다루는 기독교 극단론자에게서 나온 기이한 말만 봐도 그러하다. 이러한 상황에서 하나님의 존재를 부인하고 종교의 해악을 강력히 주장하는 책은 당연히 많은 독자들을 확보하고 높은 수준의 흥미를 자아낼 수밖에 없을 것이다.

　두번째 요인은 도킨스 자신의 명성이다. 그는 옥스퍼드대학교의 '과학의 공적 이해'(the Public Understanding of Science)를 위한 찰스 시모니(Charles Simonyi) 석좌 교수직에 있다. 그러한 높은 학문적 지위는 그의 주장에 상당한 무게를 실어 준다. 만약 그보다 못한 학자의 말이었다면 크게 인정받지 못했을 것이다. 과학이 이룩한 진보에 관하여 그리고 과학이 세계를 설명함에 있어서 어떻게 종교를 무색케했는가에 대하여 논하였을 때, 도킨스는 그 영역에서 실력을 갖춘 저명 과학자로 우뚝 서게 되었다. 이 사람은 우연히 나타난 저널리스트가 아닌 진지하게 고려해야 할 목소리의 인물이다.

세 번째 요인은 도킨스의 글솜씨이다. 〈이기적 유전자〉와 〈눈먼 시계공〉(The Blind Watchmaker)과 같은 이전의 작품에서 그는 비과학적인 독자들에게 자신을 세계에서 가장 유능한 과학 해석자 중 한 명으로 선을 보였다. 그는 문외한에게 복잡한 과학적 문제를 설명하는 능력에 있어서 탁월할 뿐만 아니라 당대의 대부분의 과학자들을 능가한다.

도킨스 책의 놀라운 사실 중 하나는 아마도 그 책의 성공이 논법보다 수사법에 더 근거를 둔다는 것이다. 앞으로 살펴볼 것이지만, 도킨스의 여러 주장들은 매우 의심스럽고, 어떤 점에선 극히 약하다. 하지만 논쟁의 여지가 없는 한 가지 이유는, 그의 문장의 교묘한 설득력 때문이다. 그는 거침없고, 유창하며, 영리한 방법으로 글을 쓰기 때문에, 독자는 말의 어조와 미사여구에 매료되다가 이내 설득당하고 만다. 논리와 주장을 과시하는 저자와 책이 수사법과 설득력에 상당히 의존한다는 것은 다소 아이러니컬하다. 언어 구사의 능력, 묘하게 조소하는 방식 및 독자와의 격식 없는 농담에 주의하면서 그 책의 한 장을 읽고, 그 다음에 논쟁 그 자체에서 그것을 분리하여 그가 얼마나 탁월한 전달자인가를 발견하는 것은 가치 있는 일이다. 언어는 정선된 형용사와 경멸어로 선한 사람과 악인의 배역을 만들어 낸다('그리스도인 열심당원', '성경 고수의 근본주의자들', '고상한 자유주의자들', '사려 깊은 회의론자들' 등).

하지만 나는 이 짧은 응답의 글에서 도킨스의 주요 논쟁점을 다루고 어떻게 그리스도인이 거기에 답변할 수 있는가를 제시하려고 한다. 많은 사람들은 도킨스의 책을 읽고, 과연 그리스도인의 관점에서 답변이 가능할까 하고 의아해할 것이다. 혹자는 도킨스 책을 스스로 읽지 않고, 그것을 읽은 친구들과 함께 대화를 하고, 도킨스의 주장이 신앙을 포기하고 하나님이 죽었다는 생각을 초래하지나 않을까라고 우려할 것이다. 당신이 도킨스를 읽었든 읽지 않았든, 이 한 편의 글은 당신이 도킨스 주장들의 강점을 충분히 생각하고, 그 다음에 그것들이 처음에 보인 것만큼 설득력이 있는가를 숙고하는 데 도움이 될 것이다.

1. 하나님은 존재의 기미가 전혀 없는가?

도킨스의 주요 주장 중 하나는 매우 단순하다. 즉 하나님의 존재에 대한 설득력 있는 증거가 없다는 것이며, 특히 하나님이 세상에 개입하셨다는 가정을 분석함에 있어서 그러하다는 것이다. 만약 하나님이 기도에 응답하시고 기적을 행하시면, 그에 대한 명백한 증거가 있어야 한다.

도킨스는 과학과 종교는 "중복되지 않는 두 교학권(敎學權)이다"라는 스티븐 제이 굴드의 주장을 몹시 싫어한다. 도킨스는 과학과 종교는 두 개의 분리된 유형의 실재를 다루기에 서로에게 할 말이 없다는 것, 그리고 다른 질문에 대한 대답을 한다. 따라서 상호 배타적이라는 아이디어를 납득하지 못하는 것이다. 굴드는 "하나님은 이 세상을 초월하여 계시기 때문에 과학은 그와 관련된 것을 분석할 수 없다. 그러므로 우리는 이 세상 안에서 하나님의 손길을 분별할 수 있기를 기대해서는 안 된다"고 주장한다. 그러나 도킨스는 신앙인들이 하나님은 기도에 응답하심으로 혹은 기적을 행하심으로 개입하신다고 강력히 주장한다면 굴드의 주장은 의미가 없다고 논박한다.

자, 그러면 그리스도인은 이것에 어떻게 반응할 수 있을까? 어떤 점에서 도킨스에게도 일리가 있다. 육체적, 생물학적 과정의 정상적인 작용을 초월한 듯이 보이는 특별한 경우에만 하나님이 세상에 개입하신다면, 우리는 그가 그렇게 하신다는 것을 기대한다고 말할 수 있다. 도킨스는 본인이 인정하는 대로 신학자는 아니며, 기적에 대한 그리스도인의 관점을 받아들이지 않는다. 과학이 설명할 수 없는 것을 설명하도록 하나님을 불러오는, 소위 '부족을 메우는 하나님'을 상상한다는 것은 나쁜 과학일 뿐 아니라 나쁜 신학이다. 왜 냐하면 하나님은 관찰할 수 있는 자연의 물리적 법칙에 따라 다른 '사건들'을 발생시키는 세상에 존재하는 어떤 '것'이 아니기 때문이다. 그리스도인이 이해하는 기적이란, 장기를 두는 자들이 쳐다보지 않는 동안 몰래 들어온 방문객이 장기말을 판 위에서 마음대로 움직이는 것처럼 하나님이 되는대로 개입하시는 것이 아니다. 그보다는 다른 유의 법칙을 순종하거나, 과학적 분석이나 연구가 불가능한 다른 차원의 실재로 나타나거나, 우리의 세상에서 기이한 사건들로 출현하는 행동들이다. 프린스턴대학교의 철학자 디오게네스 앨런(Diogenes Allen)은 다음과 같이 피력한다.

> 선택된 백성을 창조하고, 예수 안에서 하나님의 의도를 계시하고, 하나님 나라의 본질을 드러내는 것과 같은 특별한 상황에선, 보통의 자연 법칙과는 다른 결과를 가져오는 보다 높은 차원의 법칙이 작동하기 시작한다. 우리가 보통의 자연 법칙을 초월한 영역에 있기 때문에 그 법칙은 적용되지 않는다.[165]

---

165) D. Allen, 〈포스트모던 세계에서의 그리스도인의 신앙: 넘치는 확신〉(Christian Belief in a Postmodern World: The Full Wealth of Conviction), Westminster/John Knox, 1989, p. 180.

하나님은 인간 매개체를 통하여 간접적으로 그의 목적을 성취하신다. 홍해를 가른 모세, 죽은 자들을 살리신 예수님 혹은 병고침의 역사를 일으킨 성도 등 성경의 인물이나 기독교 역사의 위인들은 모두 기적의 대행자들이다. 기독교 신학은, 하나님은 이 세상을 초월하여(초월적인) 존재하시며, 동시에 이 세상 안에(내재하는)서 역사하신다고 가르친다. 만약 하나님께서 물리적 세계의 창조주로 다른 여러 방법으로 보통의(혹은 특별한) 사람들에게 역사하신다면, 우리는 말로 설명하기 힘든 사건과 경험들을 종종 보게 될 것을 기대할 것이다. 이러한 사건과 경험 중엔 종교적 체험, 기도 응답인 불가사의한 병고침, 또는 매일 세계 구석구석에서 믿기 어렵지만 누군가의 기도 덕분에 이루어지는 부지기수의 일들이 포함된다. 이 중 어느 것도 하나님의 직접적인 개입인 것으로 입증할 수 없다. 왜냐하면 과학적인 증거가 없기 때문이다. 과학적으로 관찰 가능한 물리적인 신체에 작용하는 양식을 따른 것이 아니라는 것이다. 하지만 그리스도인들은, 이렇게 명백히 설명할 수 없는 사건들은 미래에 어느 날 하나님이 이 세상의 것과 다른 제도가 시행될 새 하늘과 새 땅을 도래케 하신다는 징조를 보여 주는 것이라고 믿는다. 그리스도인에겐 기적이란 하나님이 변덕스럽게 임의로 선택한 분리된 행동들이 아니라, 또 다른 실재의 표지인 것이다. 그것은 장차 올 하나님 나라의 전조이다.

도킨스는 〈만들어진 신〉의 결말에 이를 때 이것에 대한 애매한 힌트를 제시한다. 그 책의 마지막 장에서 우리의 극히 제한된 상상력에 주의를 집중시키는데, 그것은 우리가 진화한 특별한 방식 때문이다. 그의 말을 들어 보자.

> 우리의 뇌는 중성미자(neutrino)가 거대한 틈들로 구성되어 있는 벽을 통과해 간다는 것이 어떠한지를 상상할 만큼 발달하지 않았다. 또한 우리의 이해력은 사물이 빛의 속도 가까이 움직일 때 무엇이 일어나는지 따라잡지 못한다 … '중간 세계'(미시적인 입자와 원자 및 은하계와 우주 수준의 보다 큰 개념의 우주 사이의 영역-옮긴이)에 있어서의 진화는 없을 법한 사건들을 다룰 정도로 준비시키지 않았다. 그러나 천문학적 공간이나 지질학적 시간의 광대함 속에서 중간 세계에서 불가능한 듯이 보이는 사건들도 어김없이 일어나는 것으로 판명되었다.[166]

다시 말하면, 도킨스는 이 세상과는 다른 제도가 있을 수 있다고 암시하는 것이다. 예컨대, 부활한 예수(물론 우리는 벽을 통하여 걸어 나올

---

166) Richard Dawkins, 〈만들어진 신〉(The God Delusion), Black Swan, 2007, p. 369, p. 374.

수 있다고 들었다)는 역사의 특정한 때에 장차 하나님이 가지고 오실 새 하늘과 새 땅을 계시해 주려고 이 땅에 오신 미래의 그림일 수 있다는 것이 가능하지 않을까?

요약한다면, 만약 도킨스가 과학적 확실성의 모든 요구사항을 충족시키는 기적에 대한 요지부동의 증거를 요구한다면, 어떤 사람도 그런 것을 발견하지 못할 것이다. 하지만 이유는 기적이 일어나지 않기 때문이 아니라, 기적을 분별할 수 있는 우리의 현재 능력을 초월한 또 다른 차원의 실재에 속하기 때문이다. 기적은 우리에게 수많은 다른 해석의 여지를 남기는 설명하기 힘든 사건들인 것처럼 보인다. 불신자는 기적이 어떤 자연주의적 방법으로 설명될 것이라는 믿음을 붙잡고 싶어 할 것이다. 그리스도인은 기적을 하나님 나라와 함께하는 다른 제도의 표시로 볼 것이다.

2. 하나님에 대한 그릇된 주장?

도킨스는 하나님의 존재를 주장하는 데 동원된 다양한 주장들을 살펴보며, 그것들이 효과가 없다는 것을 밝히는 데에 상당한 시간을 할애한다. 그는 멋지게 의견을 제시한다. 하지만 기독교 신학의 신비한 부분에 대한 그의 지식의 결여로 그것은 쓸모없는 것이 되어 버렸다. 내가 과학책을 저술한다고 가정할 때, 다세포나 염색체의 작용의 의미에 대한 나의 무지를 드러낸다면, 그 내용은 생물학자를 화나게 만들 것이다. 이와 같이 도킨스가 전문가도 아니요, 능통하지도 못한 주제에 대하여 쓴 글을 읽을 때 속상하게 될 것이라는 상상을 얼마든지 할 수 있다.

예컨대, 도킨스는 회의론자들을 뒤집어엎고 하나님의 존재를 확신시키는 토마스 아퀴나스의 증거와 같은 하나님의 실존의 전통적인 주장을 제시하려고 한다.[167] 하지만 많은 신학자들이 지적하듯이, 하나님의 존재에 대한 존재론적 주장, 목적론적 논쟁 및 창조주 하나님의 존재에 대한 주장과 같은 아퀴나스의 주장은 불신자에게 하나님이 계신다는 사실을 확신시킬 수 있는 견고한 증거가 결코 되지 않았다. 아퀴나스는 그 주장들을 (대부분의 다른 주류 기독교 신학자들이 그러하듯이) 믿음의 증거로서가 아니라 오히려 믿음을 확증하는 것으로서 제시한다. 다른 말로 하면, 하나님을 믿는 자들을 위해서 그 주장들은 믿음이 어떻게 의미가 있는가를 보여 주는 타당한 근거를 제공한다는 것이다. 그 주장들은 어떻게 하나님을 믿는 것이 그 밖의 모든 실재를 해석하며, 어떻게 세계가 하나님을 믿는 신앙의 관점에서 보이는가를 가르쳐 준다. 아퀴나스는 아무도 하나님을 믿도

---

167) Ibid., p. 79.

록 설득할 수가 없으며, 오히려 전혀 다른 방법으로—하나님 자신의 주도권과 그것에 대한 인간의 반응—나타나는 어떤 것이라고 생각한다. 도킨스는 애당초 실패할 거라 생각하여 아예 시도조차 하지 않는 이런 주장들을 비판한다.

도킨스는 "나는 하나님의 실재를 경험한다. 그러므로 하나님은 존재하신다"라는 개인적 경험에서 나온 주장을 훼손하려고 한다. 도킨스는 완전히 자연주의적인 설명이 가능하다고 밝혀진 온갖 신앙 경험의 예들을 지적하기를 좋아한다. 이것을 반복하는 일이 가능하다. 자세히 고찰해 보면, 전부 자연주의적 설명이거나 혹은 잘못된 해석으로 판명된 우리와 다른 사람들의 많은 경험이 있기 마련이다. 그렇다 할지라도, 온갖 종교적 경험을 전면적으로 인간의 역사로 둘러대는 것은 여전히 어려운 일이다. 신적 경험이나 물리적인 것을 초월한 영역은 지구상에서 존재하였던 모든 문화 속에 스며들어 있다. 경험이 다른 방법으로 해석될 수도 있으나, 헤아릴 수 없이 많은 사람들이 물질이나 자연적인 것을 초월한 어떤 경험을 했노라고 고백한 사실들이 뚜렷하게 남아 있다. 그럼에도 불구하고 자연주의자들은 그게 아니라고 변명하려 애쓰지만, 그러한 간증을 하는 사람들이 너무 많기 때문에 그렇게 하기가 어렵다는 것을 알게 된다.

한 걸음 더 나아가서, 하나님의 개입으로 여겨지는 경험들이 종종 자연적인 수단을 포함하고 있는 듯이 보인다는 것이다. 최근 내가 들은 이야기에서 한 그리스도인 소녀가 가까운 친척을 잃고 깊은 슬픔에 빠진 채 하나님께 해답과 의미와 위안을 달라고 울부짖었다. 이를테면 그 소녀는 하나님께 자신을 만나 달라고 간절한 기도를 했다. 바로 그 순간, 인적이 끊긴 해변가의 그녀에게로 한 그리스도인이 다가와서 그의 팔로 그녀를 꼭 껴안아 주었다. 이분은 그녀가 알고 있는 사람이었고, 그 행동이 엉뚱한 것은 아니었다. 그 특정한 순간에 그가 거기에 있었다는 사실은 예삿일이 아니라 놀랄 만한 것이었다. 물론 그가 그때 해변가를 거닐다가 그러한 행동을 했다는 것을 우연한 사건으로 해석할 수도 있다. 하지만 그 소녀는 그것을 그녀의 기도에 대한 응답일 뿐만 아니라 그 이상의 훨씬 더 큰 어떤 의미를 지닌다고—환언하여, 단순히 한 인간의 사랑이 아니라 그녀에 대한 하나님의 사랑이라고—해석할 수 있다. 자연스러운 사건으로 간주할 수 있음에도 그 사건과 관련된 특별한 시간이나 정서 때문에 초자연적인 방법으로 달리 해석할 때 이른바 '신앙적 경험'이 된다. 대부분의 그리스도인들은 하나님은 사람들을 사용하셔서 그의 일을 대신하도록 맡기신다고 믿고 있다. 하나님은 세상을 창조하시고, 모든 종(種) 가운데서 인간을 지명하셔서 피조물을 돌보며, 서로서로를 보살펴 주도록 계획하셨다. 그러므로 우리가 자연적으로 해석할 수 있는 것은 우리를 향하신 하나님의 돌보심과 사랑의 증거가 될 수 있다는 것이다.

도킨스가 조소를 보낸 세 번째 주장은, 파스칼의 '내기'(Wager)이다. 파스칼은 17세기의 그리스도인 철학자로 기독교에 대한 사과문을 썼다. 그중 한 유명한 단락을 보면 "자신이 실존하지 않는 것보다 하나님의 실존에 내기를 거는 것이 더 낫다"고 주장한다. 그의 주장은 도킨스가 해석한 대로 "하나님을 믿는 게 더 나은 이유는, 당신이 옳다면 영원한 복을 받을 것이며, 당신이 잘못한다 해도 별 차이가 없다. 반면에 당신이 하나님을 믿지 않고 잘못이라고 판명되면 당신은 영원한 벌을 받게 될 것이다. 하지만 당신이 옳다고 해도 아무런 차이가 없다"[168]는 것이다.

도킨스가 언급하는 것처럼 (여기서 다시 그 주장들을 열거하지 않겠다)[169] 이 주장에서 흠을 찾기란 아주 쉽다. 중요한 것은 파스칼이 이것을 하나님을 믿게 하는 주장으로 진척시키지 않는다는 것이다. 파스칼에게 그 주장은 다른 기능을 가지고 있다. 그는 불신자들이 믿지 않는 진짜 이유는 다만 그들이 믿고 싶지 않기 때문임을 보여 주려고

---

168) Ibid., p. 103.
169) Ibid., pp. 130-2.
170) Blais Pascal, 〈팡세: 생각, 편지 및 다른 작품들〉(The Pensees: Thoughts, letters and minor works).

한다. 그가 〈팡세〉에서 말했듯이 "결정적인 것은 우리의 이성이 아니라 마음"이다.[170] '내기'에서의 파스칼의 주장은, 17세기 파리의 그의 약아빠진 도박 친구들에게로 향한다. 파스칼은 그들이 최고의 승산을 기대하는 진정한 도박꾼이라면, 그들은 하나님께 걸게 될 것이라고 말하고 싶었던 것이다. 왜냐하면 승산이란 불신보다는 훨씬 더 믿음 쪽으로 가는 것이기 때문이다.

하지만 파스칼은 그의 친구들이 믿지 않는다는 것을 지적한다. 그것은 불신앙에 대한 그들의 이유는 이 문제에 있어서 유용한 논리적 가능성에 근거한 것이 아니라 다른 원천으로부터 온다는 사실을 보여 줄 뿐이다. 그들은 믿고 싶지 않기 때문에 믿지 않는 것이다. 따라서 거듭 말하건대, 이 주장은 하나님의 존재에 대한 절대 확실한 주장이 아니었으며, 또한 결코 그러한 주장으로 제시될 수 없다.

기독교 신학은 믿음이란 논쟁의 과정을 거쳐서 생겨나는 것이 아님을 항상 주장해 왔다. 주의 깊게 사고할 때 믿음에는 도움이 되겠지만, 신앙은 이성적인 것을 초월한 훨씬 더 깊은 수준에서 사람들이 스스로 하나님을 만날 때 생성되는 것이다. 그러므로 하나님의 실존에 대한 주장은, 불신자들을 확신시키기 위하여 제시된 것이기보다는 오히려 내적 일치와 일관성을 기하는 믿음의 확증 혹은 탐구일 수 있다. 이는 신앙에 대한 훌륭한 주장들이 제안될 수 없다는 것이 아니라, 억지로 불신자들의 항복을 받아 낼 100퍼센트의 증거를 내밀기보다 하나님께 대한 내면의 믿음을 보여 주기를 바란다는 뜻이다.

3. 과학은 모든 것을 다 설명한다?

도킨스는 '자연 선택'(환경에 가장 잘 적응하는 동식물은 생존하며 번성하고, 그렇지 못한 것들은 적응을 못하고 차차 소멸되는 과정-옮긴이)은 우리 주변에서 볼 수 있는 모든 것을 설명해 주기 때문에 하나님은 필요한 존재가 아니라고 주장한다. 프랑스의 철학자 라플라스(Laplace)가 자기의 아이디어를 나폴레옹 황제에게 설명하고, 그 황제가 그에게 "당신의 철학 속에 하나님은 어디에 계시는가?" 하고 질문하였다. 이에 라플라스는 "저에게 그 가설은 필요하지 않습니다"라는 유명한 대답을 했을 것이라고 여겨진다. 도킨스 주장의 요점은, 우리 자신과 같은 복잡한 존재의 실존은 자연 선택의 과정에 의하여 완전하게 설명되기 때문에 그 과정의 부분으로서 어떤 유의 하나님을 가정할 필요가 없다는 것이다. 자연 선택은 복잡한 인간이 매우 간단한 요소들로부터 나올 수 있는가를 보여 줄 수 있다. 따라서 창조주 하나님에 대한 논쟁은 의미가 없고, 우리는 하나님 없이도 가능하다는 것이다. 도킨스는 계속해서 하나님의 실존은 극히 미미하다고 언급한다. 진화의 방향은 항상 극히 간단한 것에서부터 아주 복잡한 것으로 흐른다. 만약 하나님이 그 과정의 시작에 계신다면, 어떻게 그렇게 복잡한 존재(하나님)가 처음으로 생겼는가의 질문이 여전히 남게 된다. 그것은 "글쎄요, 그렇다면 누가 하나님을 만들었을까요?"라는 의문을 제기한 과거의 주장에 대한 더 묘한 설명인 것 같다.

도킨스가 우리는 어떻게 간단한 유기체로부터 발달했고, 생명체가 나타났고, 어떻게 세계가 오늘날처럼 생성되었는지 자연 선택이 적절한 설명을 해 준다고 주장하는 것은 무리가 아니다. 하지만 수많은 문제들이 남아 있다. 예컨대, 몇 명의 철학자들은 인간 언어가 단순한 유전적 진화 과정을 통하여 나타나는 것을 상상하기가 힘들다고 지적하였다. 진화 과정은 정상적으로 처음에 한 인간에게서 나타나는 새로운 능력을 기대할 것이다. 하지만 언어가 개별적인 것이 되기란 불가능하다. 최소한 함께 대화할 두 사람이 필요하다. 도킨스가 대답할 수 없는 질문이 하나 더 있는데, 그것은 왜 여기에 어떤 것이 존재하는가의 질문이다. 그렇다. 과정이란 생명체를 형성하기 위하여 결합된 간단한 요소들로 시작되는 것이지만, 어떻게 그 요소들이 처음에 거기에 있었겠는가? 그는 생명체 생성에 결합된 화학물질을 가정함으로써 생명의 기원에 대한 문제를 피할 수 없다.

이제 이것은 전체 과정의 출발점을 찾아야 할 끝없는 소급의 문제로 대두된다. 빅뱅이 그 하나의 가능한 해결책이 될 수 있다. 하지만 그것마저도 처음에 폭발을 일으킨 그 무엇이 어떻게 존재했는지에 대한 의문은 여전히 풀지 못하기 때문에 해답을 주지 못한다. 문제는 자연주의적 구조 안에서 볼 때 모든 것은 그것의 선행적 원인을 가지고 있으며, 그 구조 내에서 최초의 원인을 찾아내는 게 논리적으로 상당히 어렵다는 것이다. 우리는 체계 밖에 있는 무엇인가를 필요로 한다. 그런데 그것은 체계 밖에 존재함으로써 처음에 만물을 시작하게 한 선행의 요인을 필요로 하지 않는 것이다. 기독교 신학은 늘 하나님을 초월적으로 인식할 수 있고, 분석 가능한 세상 속에 갇혀 있지 않은 존재라고 주장하였다. 이미 보았듯이, 어떤 의미에서 하나님은 물리적 매개체를 통해서가 아닌 다른 방법으로 행하시고, 특히 인간 예수 그리스도 안에서 육신을 입고 오셨을지라도 그 체계 밖에 계신다. 그러므로 하나님은 도킨스가 주장하는 것과 같이 그렇게 단순한 존재가 될 필요가 없다. 그런데 만약 그가 자연 세계의 한 부분, 우주로서 우리가 경험하는 공간과 시간의 연속체의 한 부분이라면 단순해질 필요가 있을 것이다.

근본적인 문제는, 생물학이 오늘날의 우리가 어떻게 존재하게 되었는지 일부는 설명할 수 있으나, 전부는 설명할 수 없다는 것이다. 그리고 무엇보다도 가장 중요한 건 최초에 있었던 것의 존재는 설명하지 못한다는 것이다. 기초적인 요소들이 주어질 때, 생물학은 우리가 생겨나서 진화된 과정은 설명할 수 있으나 그 요소들 자체의 기원은 설명하지 못한다. 기독교 신학은 이 요소들, 즉 생명이 생성되었던 요소들은 비자연적인 원천, 즉 그 요소들을 발생시킨 이 세상을 초월해 계시는 존재로부터 왔음에 틀림이 없다고 제시한다. 나에게 그것은 창세기의 이야기와 완전히 일치하는 것처럼 보인다. 창세기에 보면 무에서부터 만물을 창조하신 선하고 사랑 많으신 창조주의 뜻 안에서 세상은 시작되었다. 처음엔 단순하였으나 세월이 지남에 따라서 발전하였다고 기록한다. 창세기 1장은 시간을 창조의 과정 속에 구축하기 때문에 발달과 진화를 참작한다. 하나님은 세상을 한순간에 창조하지 않으셨다. 창세기의 기록대로 세상은 시간이 경과함에 따라(7일이라는 신화적 기간) 출현하였다. 창조 이야기의 끝부분에도 세상은 발달과 더불어 아직도 인류에 의하여 채워지고, 정복되고, 양육되어야 할 필요가 있다는 느낌을 준다. 자연선택은 하나님을 반증하는 것이 아니다. 그것은 다만 생명이 어떻게 발달하는가를 묘사한 것이다. 그러므로 진화를 믿는 것과 우리가 보는 세계의 출발점으로서의 비자연주의적인 신학적 설명을 주장하는 것 사이에 모순되는 것은 없다.

더 나아가서, 우주의 지력을 주장하는 것은 순수하게 자연주의적 설명만으로는 힘들다. 왜 우주는 이치에 맞는가? 왜 우주는 닥치는 대로 된 것이 아닌가? 세계가 설명할 수 있는 것이라면, 그 자체가 정당화와 설명을 요구할 것이다. 환언하면, 어떻게 과학이 가능한가? 지력은 우연히 일어나는 사건에서 생길 수 없다. 그리스도인들은 하나님의 실존은 우리의 지식에 있어서의 격차를 설명하기보다 오히려 처음부터 앎이 가능하다는 사실을 설명한다고 주장한다. 세계가 합리적이며 지성적인 존재의 창조물이라면, 그것은 합리적이며 지성적인 곳이라는 의미를 지닌다. 만약 세상이 수많은 화학적 요소들의 우연한 집합체로부터 나온 것이라면, 세상이 지력을 가질 수 있는 이유를 알기란 어렵다.

4. 종교는 실수?

도킨스 논쟁의 더 이상한 부분 중의 하나는 종교의 기원에 대한 그의 설명이다. 이것은 그의 잘 알려진 '밈'(meme: 문화 전달에 있어서 유전자처럼 복제 역할을 하는 중간 매개물이 필요한데, 이 역할을 하는 정보의 단위, 양식, 유형 및 요소이다. 도킨스의 책 〈이기적 유전자〉에서 소개된 용어-옮긴이) 혹은 '의미의 구성 단위'와 관계가 있다. 그것은 바이러스처럼 한 사람에게서 다른 사람으로 전달되고 퍼져 나간다.

이것은 '자연 선택'과 꼭 맞는 종교의 기원을 제공한다. 따라서

'밈'은 다른 형태를 만들어 내려고 변화함으로써 그것 자체의 생존을 확실하게 하는 유전자와 같은 것이다. 아이디어 혹은 '밈'의 단위는 새로운 환경에 적응하며, 그것의 생존을 확실하게 하는 미묘하고 독창적인 방법으로 그 자체를 복제할 것이다.

이 주장은 여러 차례 비판을 받았다. 도킨스는 이제 그의 이 주장에 대하여 확신을 덜 표하며, 그것은 더 이상 그의 화살통의 중심부를 차지하지 않는다. 근본적인 문제는 이것이다. 어느 '밈'은 좋은 바이러스이고, 다른 것은 나쁜 바이러스라고 누가 말할 수 있겠는가? 그는 이미 종교는 나쁜 것으로 결론을 내렸다. 그러므로 이 파괴적인 바이러스의 비유를 통하여 종교의 기원을 설명한다. 하지만 누가 종교가 바이러스인지 아닌지, 혹은 도킨스 자신의 아이디어가 동일한 방법으로 퍼져 나가는 바이러스인지 아닌지를 말할 수 있겠는가? '밈'의 존재에 대한 독립적이며 객관적인 증거 또한 없다. 그것은 과학적으로 증명된 사실이기보다 오히려 그가 사용하는 비유일 뿐이다. 도킨스가 그리스도인들이 증명되지도 않는 것에다 그들의 믿음의 기초를 둔다고 비난하는 것이 오히려 이상하다. 그리고 그 스스로 그러한 아이디어를 그렇게도 강하게 주장하는 것을 보니 우습기도 하다. '밈'의 존재가 당연시되고 시비할 수 없는 것이면, 누군가가 하나님에게 그렇게 하듯이 '밈'에 대해서도 똑같은 주장을 하는 방향으로 나갈 수 있을 것이다. 한 가지 더 덧붙이자면, 만약 종교가 실수로 된 사고, 생물학적 오류라면, 아마도 그것은 진화적인 발달 과정에 의하여 신속히 버려졌을 것이다. 종교가 끈질기게 그리고 강력하게 지속되어 왔다는 사실은, 종교는 다른 기원을 가지고 있거나 혹은 영구적이며 가치 있는 어떤 것으로서 우리 안에 견고하게 내장되어 있다는 것을 암시해 준다.

도킨스는 종교란 평범하고 자연적인 사건을 잘못 해석하는 단순한 사람들에게서 발생한다고 말한다. 그는 한 그룹의(남태평양의) 남양제도 사람들의 예를 든다. 그들은 존 프럼(John Frum)이라는 이상한 인물을 숭배하였는데, 그 후 에든버러 공작(The Duke of Edinburgh)에게 극진히 충성하는 자로 발전한다. 이 예화의 시사점은 예수께 대한 헌신이 이와 유사하게 순전히 잘못된 생각에서 비롯되었다는 것이다. 여기서의 문제는 1세기의 사람들은 너무나 속기 쉬워서 누군가가 죽은 자 가운데서 살아났다는 정말 같지 않은 가능성을 쉽게 믿었다고 가정하는 그의 오만함이다. 많은 신약성경 학자들이 지적한 대로, 1세기 사람들은 우리처럼 인간이 죽은 후에 재현한다고 믿지 않았다. 사실상 개인의 부활은 1세기 유대인이 기대했던 것과는 정반대였다. 그들은 마지막에 어떤 유의 부활을 기대하고 있었으나, 최후로 바랐던 것은 때가 이를 때 개개인이 부활하는 것이었다. 상기한 관점은 1세기 유대인들의 모든 기대에 어긋나는 것이었고, 따라서 강제적인 이유가 없다면 그러한 이야기를 순진하게 받아들일 것 같지 않다. 부활한 예수에 대한 믿음의 기원은 도킨스가 바라는 것 만큼 그렇게 간단히 설명될 수 없다.

5. 선한 것은 우연인가?

도킨스는 종교적 신앙에 반대하는 입장을 다 밝힌 후, 도덕과 선에 대해서도 설명을 해야 되지 않을까 하고 생각한다. 그는 '밈'의 아이디어에서처럼 진화적 생물학과 일치하는 자연적 설명을 한 번 더 지지한다. 그는 사람들이 관대하거나 서로에게 친절하게 대하는 다윈설에는 이유가 있다고 주장한다. 예컨대, 자신의 친척의 운명을 소중히 한다거나, '당신이 내 등을 긁어 주면 내가 당신의 등을 긁어 주리라' 식의 호혜주의, 관대하다는 명성을 얻을 때의 혜택 등에서 볼 수 있다. 하지만 이러한 우리의 모든 행동은 궁극적으로는 이기적이라는 기본 의미에서 벗어나지 않는다. 그것은 우리 자신의 유전인자와 우리 자신의 생존을 확보해 주는 것이다. 이타주의적 행동은 표면상 이타적일 뿐, 그 이면엔 개인적 혹은 유전학적인 생존의 변형된 수단이 있기 마련이다. 도킨스는 우리가 이해하는 사랑도 유전적 실패의 결과, 우리 자신의 유전적 특징을 지키고 복제하려는 열망의 우발적이며 본능적인 부산물이라고 주장한다. 동시에, 그는 우리에겐 선과 악에 대한 본능적 지식이 있기 때문에 하나님, 성경, 교회 혹은 그런 유에 의해서 가르침을 받을 필요가 없다고 주장한다. 이 접근 방법엔 중요한 많은 문제들이 있다.

1) 우리가 마지막 논점에서 본 대로, 다시 실제적인 증거의 문제가 있다. 이것은 도킨스가 낸 제안으로, 하지만 그 자신의 규칙에 따르면, 우리는 배후의 강력한 증거를 가지지 않는 어떤 것도 믿어서는 안 된다. 이 주장은 도킨스가 그의 반대자들을 고소하는 바의 정확한 예이다. 어떻게 우리는 증거의 기초가 없는 것을 이렇게 진지하게 주장할 수 있겠는가?

2) 기독교 신앙은 옳고 그른 것이 무엇인가를 가르쳐 주는 것에 관한 것이기보다 옳은 것을 행하고 그릇된 것은 피할 수 있게 해 주는 것에 관한 것이다. 어떤 의미에서 성경은 옳고 그른 것에 대한 이해에 있어서 새롭거나 다른 어떤 종교적 전통과 구별되는 것을 많이 포함하지 않는다. 살인, 거짓말, 절도 및 탐욕은 나쁜 것이다. 친절, 관대, 사랑 및 우정은 좋은 것이다. 따라서 그리스도인 신앙의 요점은 어떤 다른 수단(다른 도덕적 수단과는 어떤 점에서 구별되는 기독교 도덕의 독특한 특성이 있지만)으로 분간할 수 없는 옳고 그른 것에 대한 새로운 정보를 주는 것이 아니다. 오히려 우리가 선을 따라갈 수 있게 하는 것에 관한 것이다. 그것은 어떻게 하나님이 그의 아들 예수 그리스도를 통

하여 인간의 삶 안으로 들어오심으로 우리가 창조주와의 관계를 회복할 수 있는가를 설명해 주는 것이다. 그것은 어떻게 하나님의 영인 성령이 인생 속에 들어와서 옳은 것을 행하도록 그 삶에 새로운 차원의 에너지와 목적을 주며, 훌륭한 삶, 즉 하나님 나라의 가치관을 따라서 살게 하는가를 묘사하는 것이다. 다른 곳에서 발견될 수 없는 해야 할 것과 해서는 안 될 것의 독특한 목록을 제공하지 않는다고 기독교 도덕을 비판하는 것은 그 요점을 이해하지 못하는 셈이다.

3) 결국 한 가지 선택해야 할 것이 있다. 사랑은 '실패한 본능', 진화의 우연한 부산물 및 개인 혹은 유전자적 생존을 위한 살짝 변장한 전략인가? 혹은 사랑은 실재의 중심, 우리가 여기에 살아 있는 이유인가? 도킨스와 기독교 신앙은 이 질문에 대한 근본적으로 다른 두 개의 대답을 제시한다. 도킨스는 사랑을 순수하게 우연한 일로 본다. 그리스도인에겐 사랑은 우리 존재의 가장 중심되는 것이다. 우리는 사랑이신 하나님의 형상으로 창조되었고, 사랑하며 사랑받는 것을 배워야 한다. 그것이 우리 존재의 온전한 의미이다. 사랑은 우연한 부산물, '축복받은 실수'가 아닌 실제로 행복한 인생 경험의 중심에 있는 것임을 가르쳐 주는 내적 본능이 우리에게 있다고 그리스도인은 제시하는 것이다.

6. 성경의 전제 군주?

도킨스는 성경의 하나님에 대해 우습고도 불경한 묘사를 한다. 그리고 그러한 인격은 결코 우리의 예배와 헌신을 받을 만한 가치 있는 존재가 아니며, 역사에 깊이 갇혀 있고, 온갖 품위 있는 토론의 대상에서 쫓겨난 잔인한 폭군이라고 주장한다. 이런 입장을 취하기란 어렵지 않다. 이것은 특별히 구약성경에서 주의하여 몇 구절을 뽑은 것이다. 그러나 하나님이 오래 참고 인내하시는 분이요, "자비롭고 은혜롭고 노하기를 더디하고 인자와 진실이 많은 하나님이라"(출 34:6)고 기록한 다른 구절들은 무시함으로써 가능한 것이다. 도킨스는 이 구절들을 가지고 성경의 하나님을 조롱하지만, 예수에 대해선 이상하게도 침묵을 지킨다. 이는 성경 구절을 통하여 그가 아는 추한 인격과는 다르게 예수를 보기 때문이다.

도킨스는 또 다시 성경을 문자적으로 과도하게 해석함으로써 기독교 신학에 대한 무지를 나타낸다. 그는 기독교 신학에는 구약성경을 읽는 명백한 해석학적 기준이 있다는 것과 예수 그리스도의 빛 가운데서 구약성경을 읽어야 한다는 것을 알지 못한다. 성경이 하나님의 인격에 대하여 우리에게 주는 중심적인 단서는 '예수 안에서' 이다. 그것이 우리가 우선적으로 보아야 할 관점이며, 그 밖의 모든 다른 것은 그 빛 안에서 해석해야 한다. 예수의 인격은 구약성경의 하나님의 인격인 인내와 친절, 끝없는 사랑, 넘치는 인자, 악에 대한 분노, 지독한 성실을 반영한다. 하나님은 우리가 그를 예배하기를 바라신다. 그것은 하나님이 우리가 겁에 질려서 무릎 꿇기를 요구하는 무서운 전제 군주이기 때문이 아니라, 사랑 자체이신 하나님을 경배하는 것이 우리가 할 수 있는 최상의 일이기 때문이다. 우리가 하나님께 예배드리는 것은 하나님이 필요로 하기 때문이 아니라 우리에게 복이 될 것이기 때문이다.

더 나아가서, 도킨스는 어떻게 도덕이 생기는가에 대하여 다소 부적합하며 약한 주장을 내놓는다. 그는 '시대정신'(zeitgeist)이 도덕을 창조한다고, 혹은 선과 악에 대한 특정 사회 내에서의 의견의 일치가 이루어질 수 있기 때문에 어떤 거룩한 책에서의 교훈보다 (그리고 그가 구약성경에서 보는 독재자 하나님의 예가 아닌) 우리는 그것을 따라야 한다고 말한다. 하지만 시대정신은 악영향을 받기 쉽다는 데 문제가 있다. 특정 사회의 분위기는 온갖 악의적 결과를 조종하는 부자와 권력자들에 의하여 영향을 받게 된다. 그 전통적인 예로 1930년대의 독일의 시대정신을 들 수 있다. 그 당시 합의된 일반적인 견해로는 유대인, 집시 및 나치당의 적대자 등을 압제하고 근절시키는 것이 매우 합법적이라는 것이었다. 만약 특정한 문화의 시대정신이 어린이들을 희생제물로 바치는 것(고대 근동 지역에서처럼)이나, 혹은 소아성애를 조장하거나(그리스 로마 문화에서처럼), 혹은 아내가 남편의 장례 화장용 장작더미에 자신을 던지는 것(수 세기 동안의 인도인의 생활 풍습에서처럼)이 용인된다면 어떻게 할 것인가? 그것이 시대정신이기 때문에 무조건 따라야 하는가? 아니면 일정한 문화권의 여론과 무관하게 우리의 인생의 의미가 무엇이며, 어떻게 살아가야 하는가의 모델이 되는 것을 정말로 필요로 하는가?

7. 종교의 악?

도킨스와 다른 많은 무신론자들의 주장 중 하나는 종교란 사람들로 하여금 아주 나쁜 짓들을 하게 만든다는 것이다. 자신과 같은 온건하고 점잖은 무신론자들은 다른 사람에게 불쾌한 행동을 할 수 없는 반면에, 초월적인 근거에 뿌리박힌 종교는 그들이 사는 세상에 이루 말할 수 없는 악을 저지르게 하는 힘을 가지고 있다고 믿는다. 물론 이것의 예들을 과거에서나 혹은 현대 사회에서 찾기가 어렵지 않다. 이라크에서 팔레스타인에 이르기까지 오늘날 세계의 무수한 격렬한 충돌과 미국과 유럽에서의 테러 공격은 적어도 어떤 부분에 있어선 종교 때문이기도 하다. 도킨스는 왜 그가 온건파의 종교에까지 맹렬하게 반대하는가의 질문에 대답할 때, 이 주장을 한 걸음 더 진전시키는 셈이 될 것이다. 영국 시골 교구의 인자한 목사가 오늘날 이 세상에서 가장 무서운 악행에 연루되었다고 주장하는 것은 힘

들겠지만, 이것이 바로 그가 내세우는 논거이다. 그의 요점은 온건한 종교가 종교 극단주의자의 악행을 가릴 일종의 '덮개'를 제공한다는 것이다. 만약 종교적 온건파들이 그들의 신앙을 포기하면 그것은 극단주의자들인 자신들이 누구인가를 드러나게 만들고, 극단주의자들의 잠재적 지지의 주요 원천을 박탈하는 것이다.

도킨스는 종교란 사람들로 하여금 나쁜 행동을 하게 할 수 있으나, 반면에 인간에게 중요한 거의 모든 것을 할 수 있게도 한다는 견해를 가진다. 사람들은 그들의 이름, 종족, 국가, 축구 팀 혹은 사랑이라는 미명 하에 서로에게 형용하기 어려운 끔찍한 일들을 저질렀다. 폭력의 수단으로 사용되는 것을 제거하려는 것은 논리적으로 종교와 더불어 그 수단의 각각을 제거하는 것을 의미할 것이다. 20세기의 초중반 몇 십 년 동안의 악은 주로 정치적 변화나 민족주의적 순결함이라는 이상주의 비전에 기인한 것이었다. 발칸 반도, 르완다 및 부룬디에서의 인종 청소는 어떤 구체적인 종교적 동기보다 오히려 종족 우월성이라는 이름으로 수행되었다. 도킨스는 무신론은 절대로 그러한 파괴 행위를 옹호하지 않을 것이라고 장담한다. 하지만 이오시프 스탈린(Josef Stalin)은 1930년대에서 1950년대 사이에 러시아의 2천만 명의 죽음에 책임을 져야 한다고 판단된다. 도킨스의 항의에도 불구하고, 러시아 개혁을 위한 스탈린의 프로그램은 명백하게 무신론적인 것으로 모든 형태의 종교를 근절시키려는 결정을 포함한다. 그것은 하나님을 자기 자신으로 대치하려는 스탈린의 욕망에 깊이 뿌리박힌 것이었다. 스탈린의 동료인 니콜라이 부하린(Nikolai Bukharin)이 언젠가 그에 대하여 말한 적이 있다: "그는 모든 사람들에게, 특히 그보다 더 낫거나 혹은 더 높은 자들에게 어떤 방법으로든 보복하지 않고는 못 배기었다."[171] '대약진 정책' 과 문화 대혁명을 통하여 명쾌하게 무신론적 사회를 창조하려고 했던 마오쩌둥(Mao Zedong)은 1960년대에서 1970년대까지 수천만 중국인들의 죽음에 대한 책임을 져야 할 것이다.

무신론은 폭력과 압제의 비열한 행동을 일삼는 종교(더 많이는 아니더라도)만큼이나 능력이 있다. 여기서 중요한 것은, 종교가 무신론보다 반드시 더 우월하지 않고, 인간이란 좋든 나쁘든 간에 어떤 아이디어를 취하면 그것을 상호간의 폭력 행사에 대한 변명으로 바꿀 가능성이 있는 존재임을 말하는 것이다. 사실상 이 통찰력은 낙관적이기도 하고 동시에 한없이 비관적이기도 한 인간 본성에 대한 그리스도인의 이해에 시선을 돌리게 한다. 그리스도인인 우리는 놀랍게도 사랑, 인자, 긍휼 및 은혜를 베풀 수 있는 하나님의 형상으로 창조되었음을 믿는다. 하지만 우리는 또한 무서운 악을 자행할

---

171) M. Amis, 〈두려운 코바〉(Koba the Dread: Laughter and the Twenty Million), Jonathan Cape, 2007. p. 116.

수 있는 홈 많고, 연약하고, 타락한 존재이기도 하다. 이것은 도킨스와 같은 무신론자들이 믿는 과도한 낙관론보다 훨씬 더 인간 상태와 역사적 상황에 들어맞는 것 같다. 게다가 온건한 종교에 관한 이와 동일한 관점은 무신론에 대한 도킨스의 관점으로 되돌아가게 할 수 있다. 도킨스의 온건하고 비폭력적인 무신론은 스탈린, 모택동 및 다른 이들이 지지하는 전투적이며 난폭한 무신론을 위한 '덮개'를 제공하는 것으로 주장될 수 있다. 종교를 근절시키고, 어린이의 종교적인 양육을 유죄시하라고 요구하는 도킨스의 수사법은 선동적이고, 그리스도인들, 무슬림 및 유대인에 대한 핍박과 압제를 가리키는 것으로 주장될 수 있다. 종교적이며 윤리적 긴장이 빈번한 세상에서 사는 것은 도킨스의 공격적인 비난조의 언어가 증오와 잔학 행위를 조장하는 것 외에 다른 어떤 것도 할 수 없다는 사실을 깨닫기는 어렵다. 그리고 그 증오와 잔학 행위는 어느 모로 보나 그가 그리스도인을 비난하는 행동만큼이나 불쾌한 것이다.

8. 무신론의 영감?

도킨스는 무신론이 위안을 주고, 상상력을 불러일으키고, 조화와 평화와 사랑의 세계를 이룩할 따뜻하고 희망에 찬 비전이라고 그의 책을 마무리한다.

그것은 명백히 종교가 어려운 세상 속에서 위안과 힘을 공급한다는 주장을 앗아가는 시도이며, 무신론이 세상의 경이로움과 영광을 빼앗는다는 비난에 응수하는 시도이다. 과연 무신론이 그러한 소망을 제공할 수 있는가? 무신론은 인류의 영광스러운 미래를 위한 전진의 길을 열어 줄 수 있겠는가?

여기에서 어려움은 이런 경우가 언제나 있을 수 있다는 어떤 증거를 발견하는 것이다. 종교를 고의적으로 제거하려고 애쓰는 공공연한 무신론적 사회를 건설하려고 했던 이전의 실험들은 그다지 전도유망한 것은 아니었다. 우리가 본 대로, 소련은 정확히 관대와 평화와 조화의 등대는 아니었다(적어도 죽은 2천만을 위해서). 폴 포트의 캄보디아, 마오쩌둥의 중국 혹은 오늘날의 미얀마 또한 아니었다. 다시 말해서, 무신론은 도킨스가 크게 낙관적으로 생각하는 완전한 사회의 도래에 대한 준비를 하는 모든 시도에서 실패하였다.

이제 동일한 방법으로 기독교가 실패했다고 비난할 수 있을 것이다. 무신론자들은 그리스도인들이 완전한 사회를 제공하지도, 창조하지도 못했다고 주장할 것이다. 하지만 그리스도인들은 이것을 할 수 있다고 결코 주장한 적이 없다. 그들은 새 하늘과 새 땅이 임하기까지 이 세상은 늘 선과 악이 혼합된 채 불완전한 상태에 있을 것이라고 주장한다. 성 어거스틴이 표현한 것처럼, 하나님의 도시는 현 시대에선 세상의 도시와 더불어 불편하게 살아갈 것이다. 그리하여 우리는 하나님이 가져다주시기 전엔 완전한 사회를 보길 기대할 수 없다. 무신론은 물리적·자연적 영역만을 믿고 살아간다. 바꿔 말하면, 당신이 보는 것이 당신이 얻는 것이다. 그 이상은 없다. 따라서 무신론에겐 완전한 사회는 이 땅에서 창조될 수 없거나 혹은 근거 없는 환상, 소망 없는 꿈에 지나지 않는다. 그러나 그리스도인들은 아주 솔직하게 여기 이 세상에선 완전한 사회를 결코 창조할 수 없을 것이라고 단언한다. 하나님이 새 하늘과 새 땅을 창조하실 때까지 기다려야만 한다. 우리는 정의, 인자, 용서 및 하나님의 임재를 경험하는 가운데서 그 나라를 어렴풋이 감지할 수 있을 뿐이다. 즉, 그것은 오직 일견일 뿐 완전한 실체는 아닌 것이다.

리처드 도킨스는 나에게 후각의 개념을 설명하려고 애쓰는 사람들과 맞서서 시각의 가치를 열렬하게 확신시키려는 어떤 사람을 상기시킨다. 그 사람은 시력만이 실재를 이해하고 설명할 수 있다는 관점을 절대적으로 고수한다. 만약 시각이 우리가 필요로 하는 전부라면, 그것이 실재의 전부를 포함하고 설명하고 표현할 수 있다면, 도대체 왜 우리는 후각이 필요하겠는가? 그렇게 되면 후각은 실제적인 것이 될 수 없고, 다른 사람들의 상상력의 허구임에 틀림없다. 이 사람은 그녀의 눈으로 향기를 맡을 수 없게 되어 후각이 존재하지 않는다는 결론을 내린다. 결과적으로 그녀는 실재의 중요한 영역을 놓치고 만다. 그녀는 때때로 냄새를 맡는다고 주장하는 사람들을 기만당하고 애처로운 자들이라고 비웃어야 한다. 시력은 굉장히 좋아 그녀는 왜 사람들이 그것 말고 다른 것을 원하는가를 이해하지 못한다. 어느 날, 이 가엾고 잘못 인도된 '냄새 맡는 자들'은 자신들이 주장하는 것이 환상이며 착오라는 진리를 깨닫게 될 것이다.

도킨스의 주요 문제는 잘못된 지점에서 토론을 시작한다는 것이다. 성경 어느 곳에서도 "하나님이 계시는가?"의 질문에 관심을 보이지 않는다. 저자들은 그것을 증명하지도 않고, 실증하지도 않고, 논쟁하지도 않는다. 그들은 그것을 당연한 일로 생각한다. 이것이 하나님이 발견될 수 있는 유일한 방법이다. 도킨스는 하나님에 대한 믿음은 내일 비가 올 것이라거나 혹은 히말라야 산맥에 설인(雪人)이 있다고 믿는 것처럼 우연히 품는 임의의 견해와도 같은 것이라고 생각하는 경향이 있다. 하지만 성경의 '믿음'은 그것보다 훨씬 더 풍요롭고 강한 것으로, 단순한 아이디어보다 훨씬 더 많은 것을 포함한다. 믿음은 내가 아무것도 아닌 존재라는 것을 깨달을 때 시작하는 것이다. 솔직히 말하자면, 나는 자아 중심적이고, 사려 깊지 못하고, 사랑이 없기에 변화해야 한다. 나는 그 길을 찾을 필요가 있다. 성경의 하나님은 우리가 그가 존재하거나 혹은 존재하지 않거나 한다는 의견을 받아들이는가에 흥미가 없으시다. 하나님은 우리를 변화시키는 데 관심을 두신다. 그 도전에 준비하는 자들만이 그를 찾을 수 있을 것이다.

하나님은 거기에 계실 뿐만 아니라 우리가 의지할 분이라는 가정 하에서 삶을 살기 시작할 때 우리는 그를 만나게 된다. 예수 그리스도는 하나님의 정확한 형상이시요, 인생의 요점은 하나님이 우리를 변화시키셔서 예수를 닮아 가도록 인도하시는 것이라고 믿으며 살 때, 우리는 하나님을 만나게 된다. 우리가 만나는 모든 사람은 하나님의 형상으로 창조되었기에, 그들을 귀중하게 여기며 살기 시작할 때 우리는 하나님을 만나게 된다. 예수가 죽은 자 가운데서 살아나셨기 때문에 최악의 상황에서도 우리에겐 항상 소망이 넘친다. 성경은 날마다 하나님이 우리에게 들려주시고 싶은 하나님의 말씀이다. 바꿔 말하면, 믿음엔 개인적인 모험이 수반되며, 그 모험을 할 준비가 된 자들은 하나님을 만날 수 있다.

예수님은 밭에서 일하다가 감추어진 보물 상자를 발견하고, 그 밭을 사기 위하여 전 재산을 팔았던 사람에 관한 이야기를 하셨다. 마치 그 보화가 밭에 감추어진 것처럼 하나님은 자신을 우리의 세상 안에 숨기신다. 그는 명백히 드러내지는 않으시지만 모든 것을 그에게 걸 정도로, 즉 그를 따르기 위하여 '소유를 다 파는' 진지한 자들에 의하여 발견되어지기를 원하신다. 물론 이 세상을 보고 하나님을 놓칠 수 있다. 예수 그리스도는 "찾으라 그러면 찾아낼 것이요"(눅 11:9)라고 말씀하셨다. 하나님은 우리를 찾고 계시며, 우리를 만나시려고 거기에 계신다. 하지만 하나님은 모든 것을 버릴 각오가 된 자들에 의해서만 발견될 것이다. 하나님을 만난 자들은 그들의 상상을 초월하여 사랑과 진기한 경험과 만족을 얻게 될 것이다.

부록

•

예수님은 누구신가?*

Who Is Jesus?

* Nicky Gumbel, 〈인생의 의문점들〉(Questions of Life), Alpha International, 1993.

내 인생에서 오랫동안 나는 기독교에 대해 관심이 없었다. 아버지는 비종교적인 유대인이었고, 어머니는 아주 가끔 교회에 나가셨다. 내가 믿는 것이 무엇인지 확신하지 못했기 때문에, 나는 때로는 무신론자였고, 때로는 불가지론자였다. 학교에 다닐 때는 종교 교육 시간에 성경공부도 했었다. 하지만 나는 결국 그 모든 것을 거부했고, 실제로 기독교에 반대하는 거센 논쟁을 벌이기도 했다. 1974년 밸런타인데이 저녁, 나의 가장 가까운 친구인 니키 리(Nicky Lee)로부터 나의 신념에 강한 자극을 받았다. 내가 파티에서 돌아왔을 때, 니키가 여자 친구와 함께 들어와서는 자기들은 지금 막 그리스도인이 되었다고 말했다. 나는 그 말에 충격을 받았다! 그 해 나는 학교에서 그리스도인들을 만난 적이 있었는데, 시종일관 미소를 짓고 있는 그들의 모습이 매우 의심스러웠었다.

나는 내 친구를 도와야만 할 것 같았다. 그래서 나는 그 문제를 속속들이 파헤쳐 보겠다고 생각했다. 나는 내 책장 위에 다소 먼지가 쌓여 있던 성경책 한 권이 있다는 것을 알았다. 그날 밤부터 그 것을 집어 들고 읽기 시작했다. 나는 마태복음에서 시작하여 마가 복음, 누가복음, 요한복음을 반 정도까지 읽어 나가고 있었다. 그러 다가 잠이 들었다. 다시 일어나서 요한복음을 끝내고 사도행전, 로 마서, 고린도전·후서까지 계속 읽었다. 그러다 나는 내가 읽고 있 는 것에 완전히 사로잡혀 버렸다. 이전에도 읽은 적이 있었지만, 그 때는 사실 나에게 아무런 의미가 없었다. 그러나 이번에는 생생하 게 다가왔고, 나는 책을 내려놓을 수가 없었다. 거기에는 진실의 울 림이 있었다. 성경이 나에게 너무나도 힘 있게 말했기 때문에 성경 을 읽어 나가면서 내가 응답해야 한다는 것을 알게 되었다. 그 후 나는 예수 그리스도를 믿게 되었다.

그러나 그 후에 나는 10년 가까이 법률을 공부했고, 법정 변호사 로서 훈련받았다. 따라서 나에게 증거는 매우 중요하다. 나에게 믿 음이란 눈을 가린 채 껑충 뛰어내리는 것이 아니라 확실한 역사적 인 증거에 바탕을 두고 기꺼이 발을 내딛는 것이다. 기독교는 결코 눈을 가린 채 그냥 껑충 뛰어 버리는 믿음이 아니다. 단계가 있는 믿음이다. 이 장에서 나는 역사적인 증거들을 검토하길 원한다.

예수님은 역사적으로 존재하셨다

공산 국가였던 러시아의 사전에는 예수님은 "결코 존재하지 않은 신화 속의 인물"이라고 설명되어 있다는 말을 들은 적이 있다. 오늘날 진정한 역사학자로서 그런 입장을 고수할 수 있는 사람은 아무도 없다. 예수님의 존재를 증명하는 증거들은 대단히 많다. 복음서나 그 밖의 다른 기독교 저술 외에 다른 자료에서도 그 증거를 찾아볼 수 있다. 예를 들어, 로마의 역사학자 타키투스(Tacitus)와 수에토니우스(Suetonius)는 예수님에 대해 기록하고 있다. A. D. 37년에 태어난 유대의 역사학자 요세푸스(Josephus)는 예수님과 그분의 추종자들에 대해 이렇게 서술했다.

> "이때쯤 예수라 하는 한 지혜로운 사람이 있었다. 그를 사람이라고 부르는 것이 법에 어긋나지 않는다면 그렇게 말할 수 있을 것이다. 왜냐하면 그는 기적을 행하는 자였으며, 진리를 기쁨으로 받아들이는 사람들의 선생이었기 때문이다. 그의 주위에는 많은 유대인과 또한 많은 이방인들이 모여들었다."[172]

---

172) Josephus, 〈고대사〉(Antiquities), XVIII 63f. 어떤 이들은 그 본문이 썩어서 없어졌다고 주장한다. 그럼에도 불구하고 요세푸스가 제시하는 증거는 예수님의 역사적 실존을 확증시켜 준다.

이와 같이 신약성경 이외에도 예수님이 실존 인물이었다는 증거가 있다. 더구나 신약성경에 있는 증거들은 대단히 확실하다. 때때로 사람들은 다음과 같이 말하기도 한다: "신약성경은 오래전에 쓰였습니다. 성경 기자들이 기록한 내용들이 오랜 세월이 지나는 동안 변하지 않았다는 것을 어떻게 알 수 있습니까?" 우리는 본문 비평이라는 과학적 방법론을 통해 신약의 저자들이 쓴 내용을 정확히 알 수 있다. 근본적으로 짧은 시간에 손으로 쓴 사본, 초기에 쓰인 사본, 우리가 가지고 있는 더 많은 텍스트, 존재하는 텍스트의 상태가 아주 좋을수록 원전에 대한 의심은 적어질 수밖에 없다.

저서	쓰여진 시기	최초의 사본	시간 간격	사본 숫자
헤로도토스	B.C. 488~428	A.D. 900	1,300년	8
투키디데스	약 B.C. 460~400	약 A.D. 900	1,300년	8
타키투스	A.D. 100	A.D. 1100	1,000년	20
카이사르의 갈리아 전쟁	B.C. 58~50	A.D. 900	950년	9~10
리비우스의 로마사	B.C. 59~A.D. 17	A.D. 900	900년	20
신약성경	A.D. 40~100	A.D. 130 (사본 완성 A.D. 350)	300년	5,000+ 헬라어 10,000 라틴어 9,300 다른 언어

F. F. 브루스(Bruce, 그는 맨체스터대학교의 성경비평과 성경해석학 교수였으며, 지금은 돌아가셨다)는 그의 책 〈신약성경의 기록은 믿을 만한가?〉에서

성경의 텍스트들을 다른 역사적인 텍스트들과 비교함으로써 신약 성경이 얼마나 풍부한 증거들을 가지고 있는지를 밝히고 있다. 왼쪽 페이지에 있는 표는 그 사실들을 종합하여 신약성경의 신뢰성이 어느 정도의 증거를 가지고 있는지 보여 준다.[173]

브루스는 카이사르(Caesar)의 〈갈리아 전쟁〉에 관한 아홉 개 혹은 열 개의 사본이 현존하며, 그중 가장 오래된 것이 카이사르의 시대보다 약 950년 후에 쓰인 것이라는 점을 지적한다. 리비우스 (Livy)의 〈로마사〉의 경우 완전한 사본이 없음에도 불구하고 20개의 사본밖에 없으며, 가장 일찍 쓰인 사본은 A. D. 900년경의 것이다. 타키투스가 쓴 열네 권의 〈역사〉는 20개의 사본이 남았을 뿐이며, 열여섯 권의 〈연대기〉는 그의 두 개의 위대한 역사서의 열 개 부분이 전적으로 두 개의 원고에 의존하고 있다. 그중 하나는 9세기의 것이며, 다른 하나는 11세기의 것이다. 투키디데스(Thucydides)의 〈역사〉는 거의 전적으로 약 A. D. 900년의 것인 여덟 개의 원고로만 알려져 있다. 헤로도토스(Herodotus)의 〈역사〉도 마찬가지다. 그러나 오랜 역사적 간격과 비교적 적은 양의 자료에도 불구하고 이 저서들의 신뢰성을 의심하는 고전 학자들은 없다.

---

173) F. F. Bruce, 〈신약성경 문헌 연구〉(The New Testament Documents: Are They Reliable?) intro. N. T. Wright, Eerdmans, 2003 , p. 11.

신약성경에 관한 한 우리는 풍부한 자료들을 가지고 있다. 신약은 A. D. 40년과 A. D. 100년 사이에 쓰였다고 여겨지는데, 우리에게는 A. D. 350년에 쓰인 신약 전체의 완전한 원본(단지 300년의 시간적 간격뿐이다)과 신약의 내용을 거의 다 포함하고 있는 3세기의 파피루스, A. D. 125년경의 것으로 추정되는 요한복음의 일부도 있다. 또한 5천 개 이상의 헬라어 원본들과 1만 개 이상의 라틴어 원본, 그리고 9,300개의 다른 언어로 쓰인 원본들이 있으며, 그뿐 아니라 초대 교회 교부들의 글 속에 3만 6천 개 이상의 인용 구절들이 있다. 세계에서 가장 뛰어난 원전 연구가의 한 사람인 F. J. A. 호트(Hort)는 말했다: "신약성경은 그것이 의존하고 있는 증거들의 다양함과 풍부함에 있어서 고대 산문 기록 가운데 독보적인 존재이다."[174]

F. F. 브루스는 이 분야의 권위자인 프레데릭 케니언(Frederic Kenyon) 경의 말을 인용하여 그 증거를 요약한다.

    "그렇다면 처음 글이 쓰인 시기와 현존하는 최초의 증거 사이의 간격은 아주 작은 것이므로 사실상 무시할 만하다. 그러므로 성경이 원래 쓰인 그대로 우리에게 전해졌

---

174) F. J. A. Hort, 〈그리스어 신약성서 사본〉(The New Testament in the Original Greek), Vol. I, Macmillan, 1956, p. 561.

는가에 대한 의심은 이제 그 근거를 상실했다. 신약성경의 신뢰성과 통일성은 결국 증명되었다고 보아야 할 것이다."[175]

그분은 완전한 사람이었다

우리는 신약성경과 그 밖의 증거로부터 예수님이 실제로 존재했다는 것을 안다.[176] 그렇다면 그분은 누구인가? 마틴 스콜세지(Martin Scorsese)가 텔레비전에 나와, 예수님이 진짜 인간이었다는 것을 보여주기 위해 〈그리스도 최후의 유혹〉이라는 영화를 만들었다고 말하는 것을 들은 적이 있다. 그러나 지금 그것이 중요한 것은 아니다. 예수님이 완전한 인간이었다는 것을 의심하는 사람은 오늘날 거의 없다. 그분은 인간의 몸을 가졌었다. 그래서 그분은 때때로 피곤을 느끼셨고(요 4:6), 배가 고프셨다(마 4:2). 그분은 인간의 감정을 가지셨다. 이를테면, 그분은 화를 내기도 하셨고(막 11:15~17), 사랑하셨으며

---

175) Sir Frederic Kenyon, 〈성서와 고고학〉(The Bible and Archaeology), Harper and Row, 1940.
176) 만일 복음서의 역사성이라는 주제에 관심을 갖고 있다면 다음과 같은 책들을 권한다. N. T. Wright, 〈예수와 하나님의 승리〉(Jesus and the Victory of God, SPCK, 1996) or Craig Blomberg, 〈복음서의 역사적 신빙성〉(The Historical Reliability of Gospels, IVP Academic, 2007).

(막 10:21), 슬퍼하셨다(요 11:35). 그분은 인간의 경험을 하셨다. 그분은 가정에서 성장하셨으며(막 6:3), 노동을 하셨으며(막 6:3), 시험을 당하셨으며(막 1:13), 고통과 죽음을 경험하셨다(막 15:15~40)

오늘날 많은 사람들이 예수님은 단지 인간일 뿐이라고 말한다. 물론 위대한 종교 지도자임을 인정하긴 하지만 말이다. 코미디언 빌리 코널리(Billy Connolly)가 다음과 같이 말한 것은 많은 사람들의 생각을 대변해 준다: "기독교는 믿을 수 없지만, 예수님은 멋진 사람이었다고 생각한다." 예수님이 그저 멋진 사람이거나 위대한 도덕 교사 이상이었다는 것을 보여 줄 만한 어떤 증거가 있을까? 이제 곧 보게 되겠지만, 이에 대한 많은 양의 증거가 있다. 이 증거는 예수님이 유일한 하나님의 아들이었으며 지금도 그러하다는 기독교의 주장을 뒷받침한다. 실제로 그는 성삼위일체 하나님의 두 번째 위격이신 성자 하나님이시다.

예수님은 자기 자신에 대해서 무엇이라고 말씀하셨는가?

어떤 사람들은 "예수는 결코 자기를 하나님이라고 주장한 적이 없다"고 말한다. 사실 예수님이 "나는 하나님"이라고 말하면서 돌아다닌 적은 없으시다. 그러나 그분이 가르치고 주장한 모든 것을

볼 때, 자신이 하나님의 신분을 가진 인간임을 인식했음은 의심할
여지가 없다.

예수님 자신에게 집중된 가르침

예수님이 매력적인 이유 중 하나는 그분의 가르침의 많은 부분
이 자신에 관한 것이라는 점이다. 우리가 예상하는 것 같이, 대부분
의 종교 지도자들은 자신들과 하나님 사이가 떨어져 있다고 한다.
그러나 가장 겸손하며 자기를 내세우지 않는 영원히 살아 계신 분
인 예수님은 하나님에게 의미 있는 사람으로 자신을 증거하셨다.
실제로 예수님은 이렇게 말씀하셨다: "나로 말미암지 않고는 아버
지께로 올 자가 없느니라"(요 14:6). 우리는 예수님과의 관계를 통해
하나님을 만나는 것이다.

인간의 내면 깊은 곳에는 배고픔이 있다. 21세기 심리학의 선구
자 세 명은 모두 이 점을 인정한다. 프로이드(Freud)는 "사람들은 사
랑에 굶주려 있다"고 말했다. 융(Jung)은 "사람들은 안전에 굶주려
있다"고 말했다. 아들러(Adler)는 "사람들은 의미에 굶주려 있다"고
말했다. 예수님은 "나는 생명의 떡이니"(요 6:35)라고 말씀하셨다. 다
시 말하면, "너의 굶주림을 채우고 싶다면 나에게 오라"고 말씀하
신 것이다.

중독은 우리 사회의 중요한 문제이다. 예수님은 자신에 대해 말씀하셨다: "그러므로 아들이 너희를 자유롭게 하면 너희가 참으로 자유로우리라" (요 8:36)

많은 사람들이 절망, 환멸, 어둠 가운데 있다. 예수님은 말씀하셨다: "나는 세상의 빛이니 나를 따르는 자는 어둠에 다니지 아니하고 생명의 빛을 얻으리라" (요 8:12). 나에게 있어서, 내가 그리스도인이 되었을 때 불빛이 갑자기 비치는 것 같았고, 나는 생애 처음으로 눈을 뜬 것 같았다.

많은 이들이 죽음을 두려워한다. 어떤 여자 분은 자신이 가끔 잠을 이룰 수가 없으며, 죽음을 두려워하면서 식은땀을 흘리다가 잠을 깨곤 하는데, 죽으면 무슨 일이 일어나게 될지 모르기 때문이라고 나에게 말했다. 예수님은 말씀하셨다: "나는 부활이요 생명이니

나를 믿는 자는 죽어도 살겠고 무릇 살아서 나를 믿는 자는 영원히 죽지 아니하리니"(요 11:25~26). 테레사(Teresa) 수녀가 죽기 전에 짧은 질문을 받았다: "죽음이 두렵지 않으십니까?" 그녀는 대답했다: "제가 어떻게 두려울 수 있나요? 죽음이란 하나님의 집으로 가는 거예요. 저는 두려워해 본 적이 한 번도 없어요. 아니, 오히려 저는 죽음을 정말 고대한답니다!"

너무도 많은 사람들이 걱정과 근심, 공포와 죄의식으로 어깨가 무겁다. 예수님은 말씀하셨다: "수고하고 무거운 짐 진 자들아 다 내게로 오라 내가 너희를 쉬게 하리라"(마 11:28). 오늘날 많은 사람들이 자기 삶을 어떻게 꾸려 나가야 할지, 누구를 따라야 할지 확신을 하지 못하고 있다. 나는 그리스도인이 되기 전에는 어떤 사람에게 깊은 인상을 받으면 그 사람처럼 되기를 원하다가, 또 다른 사람을 알게 되면 그를 따르곤 했었다. 예수님은 말씀하셨다: "나를 따라오라"(막 1:17, 굵은 글씨는 저자 강조).

그분은 자신을 영접하는 것이 하나님을 영접하는 것이며(마 10:40, 막 9:37), 자신을 본 사람은 하나님을 본 것(요 14:9)이라고 말했다. 어린 아이가 그림을 그리고 있는데 엄마가 무얼 하고 있느냐고 물었다. 아이는 "하나님을 그리고 있어요"라고 말했다. 엄마가 "바보 같은 소리. 하나님을 어떻게 그려? 하나님이 어떻게 생겼는지는 아무도 몰라"라고 말하자, 아이가 대답했다: "음, 내가 그림을 다 그리면 알게 돼요." 예수님은 이렇게 말씀하셨다: "하나님의 모습을 알고 싶다면 나를 보거라."

예수님의 간접적인 주장

예수님은 자신이 하나님이라는 직접적인 주장은 하지 않으셨지만, 그는 자신이 하나님과 같은 위치에 있음을 보여 주는 말을 여러 번 하셨다. 아래의 예들에서 그것을 알 수 있다.

〈죄를 용서함〉

예수님께서 자신이 죄를 용서할 수 있는 분임을 주장하신 것은 잘 알려진 사실이다. 예를 들어, 그분은 중풍병자에게 이렇게 말씀하셨다: "작은 자야 네 죄 사함을 받았느니라"(막 2:5). 종교 지도자들의 반응은 "이 사람이 무슨 말을 하는 거야? 그는 하나님을 모독하고 있어! 하나님 한 분 외에 누가 죄를 용서할 수 있단 말인가?"였다. 예수님은 중풍병에 걸린 사람을 고치심으로써 자신에게 죄를 용서할 권위가 있다는 것을 증명하셨다. 죄를 용서할 수 있다는 주장은 충격적인 사실이다.

C. S. 루이스는 그의 책 〈순전한 기독교〉에서 이 점을 잘 표현하고 있다.

"예수님의 주장들 중에 우리의 주의를 끌지 못한 채 지나가기 쉬운 한 가지가 있는데, 너무나 자주 들어서 그것이 얼마나 중요한지를 우리가 모르기 때문이다. 바로 죄를 용서한다는, 어떤 죄라도 용서한다는 주장이다. 만약 그 말을 하는 사람이 신이 아니라면 이것은 너무도 터무니없어서 우스울 정도이다. 우리는 사람이 자신에게 행해진 크고 작은 죄들을 어떻게 용서하는지는 잘 알고 있다. 누군가 당신의 발을 밟았다. 당신은 그를 용서한다. 누군가 당신의 돈을 훔쳐 갔다. 당신은 그를 용서한다. 그러나 자신은 도둑질을 당하지도 않았고, 발을 밟히지도 않았으면서, 다른 사람의 발을 밟고, 다른 사람의 돈을 훔친 누군가를 용서한다고 말하는 사람에 대해서는 어떻게 생각해야 하는가? 나귀처럼 멍청하다고 말하면, 그의 행동에 대한 가장 호의적인 묘사일 것이다. 그러나 이것이 바로 예수님이 하신 일이다. 그는 사람들에게 죄를 용서받았다고 말하면서, 그들의 죄로 인해 상처를 입었을 다른 모든 사람들의 의견을 듣고자 기다리지 않았다. 그는 주저함 없이 마치 그가 바로 그 당사자이며, 인류의 모든 범죄로 인해 가장 크게 상처를 입은 사람인 것처럼 행동했다. 이것은 그가 정말로, 자신이 만든 법이 깨어지고 인류의 모든 죄로 인해 그 사랑에 상처를 입은 하나님일 때에만 이치에 맞는다. 말하는 사람이 하나님이 아니라면, 그의 입에서 나온 이 말들은 역사상 어느 인물과도 비교가 되지 않는 사기이며 헛소리라고 생각할 수밖에 없다."[176]

〈세상을 심판함〉

또 한 가지 예수님께서 하신 특이한 주장은 언젠가 그가 세상을 심판하시리라는 것이다(마 25:31~32). 그분은 다시 돌아와 "영광의 보좌에 앉으리니"(31절)라고 말씀하셨다. 모든 민족들이 그 앞에 모이며 그가 민족들을 심판하실 것이라고 말씀하셨다. 어떤 이들은 세상이 창조된 이래 그들을 위해 준비된 나라와 영원한 생명을 받겠지만, 다른 사람들은 그로부터 영원히 분리되는 형벌의 고통을 받을 것이다.

예수님은 자신이 이 세상 마지막 날에 우리 각자에게 일어날 일을 결정한다고 말씀하셨다. 그분은 심판자가 될 뿐 아니라 심판의 기준이 되신다. 심판의 날 우리가 어떻게 될지는 우리가 지금 삶에서 예수님을 어떻게 대했는가에 달려 있다(마 25:40, 45)

당신이 확성기를 가지고 "심판의 날 여러분은 모두 내 앞에 나아

---

176) C. S. Lewis, 〈순전한 기독교〉(Mere Christianity), Fount, 1952.

올 것이며, 나는 여러분의 영원한 운명을 결정할 것입니다. 여러분이 어떻게 될 것인가는 여러분이 나와 나의 추종자들을 어떻게 대했는가에 달려 있습니다"라고 소리치는 사람을 본다고 가정하자. 평범한 인간이 그렇게 주장한다면 우스꽝스러울 것이다. 이것은 그가 전능하신 하나님의 신분을 가졌다는 또 하나의 간접적인 주장인 것이다.

예수님의 직접적인 주장
〈메시아, 하나님의 아들〉
"네가 하나님의 아들 그리스도냐?"라는 질문을 받고 예수님은 대답하셨다.

> "예수께서 이르시되 … 대제사장이 자기 옷을 찢으며 이르되 우리가 어찌 더 증인을 요구하리요 그 신성 모독 하는 말을 너희가 들었도다 너희는 어떻게 생각하느냐"(막 14:61~64).

이 이야기로 볼 때, 예수님은 자신에 대한 주장 때문에 사형에 처해진 듯하다. 자신이 신이라는 것과 다름없는 주장은 유대인들의 눈에는 죽어 마땅한 신성모독이었다.

〈아들 하나님〉

한번은 유대인들이 예수님께 돌을 던지려 하자 물으셨다: "어떤 일로 나를 돌로 치려 하느냐." 그들은 하나님을 모독했기 때문이라고 대답했다: "네가 사람이 되어 자칭 **하나님**이라 함이로라"(요 10:33, 굵은 글씨는 저자 강조). 예수님의 대적자들은 그분이 하나님이라고 선언하고 있다고 생각했다.

그분의 제자 중 한 명인 도마가 예수님 앞에 무릎을 꿇으며 "나의 주님이시요 나의 하나님이시니이다"(요 20:28)라고 말했을 때, 예수님은 그를 돌아보면서 "아니야, 아니야. 그렇게 말하지 마라. 나는 하나님이 아니야"라고 말씀하시지 않았다. 그분은 "너는 나를 본 고로 믿느냐 보지 못하고 믿는 자들은 복되도다"(요 20:29)라고 말씀하셨다. 예수님은 늦게 핵심을 깨달은 도마를 나무라셨다!

만약 누군가가 이런 주장을 한다면 우리는 그를 검증해 보아야 한다. 갖가지 사람들이 갖가지 주장을 한다. 누군가가 자신이 어떤 사람이라고 주장한다는 사실만으로는 그가 옳다고 할 수 없다. 환상에 사로잡힌 사람들이 많이 있다. 그들 중 일부는 정신병원에 있다. 그들은 자신이 나폴레옹이나 교황이라고 생각하지만 사실은 그렇지 않다. 그렇다면 사람들의 주장을 어떻게 검증해 볼 수 있을까?

예수님은 자신이 하나님의 유일한 아들, 육신이 되신 하나님이라고 주장하셨다. 여기에는 세 가지 논리적인 가능성이 있다. 만약 그 주장이 사실이 아니라면, 그는 자신의 주장들이 사실이 아니라는 것을 알았을 수도 있다. 그렇다면 그는 사기꾼이며 사악한 인간이다. 이것이 첫 번째 가능성이다. 아니면 그가 몰랐을 수도 있다. 그렇다면 그는 환상에 사로잡혀 있거나 실제로 미쳤다고 할 수 있다. 이것이 두 번째 가능성이다. 세 번째 가능성은 그 주장들이 사실이었다는 것이다.

C. S. 루이스는 그것을 이렇게 표현했다: "그저 평범한 한 남자가 예수가 했던 말들을 하고 다닌다고 해서 위대한 율법 선생이 될 수는 없다. 그는 미친 사람이거나 아니면 지옥에서 온 악마일 것이다. 당신은 이 사람이 하나님의 아들이었고 지금도 그렇다고 믿든지, 아니면 미친 사람 혹은 그보다 더 끔찍한 사람이라고 믿든지 둘 중의 하나를 선택해야만 한다. 그러나 그가 인류의 위대한 선생이었다고 선심 쓰는 듯한 터무니없는 생각으로 결론을 내리지는 말라. 그는 그 부분에 대해서는 모호함을 남기지 않았다. 그것은 그가 의도한 바가 아니었다."[177]

---

177) Ibid.

예수님이 하신 말씀들을 뒷받침할 증거는 무엇인가?

이 세 가지 가능성 중 어느 것이 맞는지를 평가하려면 우리가 가지고 있는 그분의 생애에 대한 증거들을 검토할 필요가 있다.

예수님의 가르침

예수님의 가르침은 사람의 입술에서 떨어진 가장 위대한 가르침이라고 널리 인정되고 있다. 산상수훈에는 최고의 도전과 근본적인 가르침이 들어 있다: "너희 원수를 사랑하며"(마 5:44), "네 오른편 뺨을 치거든 왼편도 돌려 대며"(마 5:39), "남에게 대접을 받고자 하는 대로 너희도 남을 대접하라"(눅 6:31).

텔레비전 시리즈 〈럼폴〉(Rumpole)의 창시자 존 모티머(John Mortimer)는 오랫동안 무신론자였던 이유를 설명했다. 그는 자신을 '기독교 사회를 위해 무신론자들을 이끄는 일원'이라고 묘사했다! 무엇이 이 같은 변화를 가져오게 했는지 물었을 때, 그는 말했다: "사회에 영향을 주는 한 세대를 찾았는데, 기독교 윤리로 인해 하나님을 인정하지 않았다. 만일 우리가 사회적 재난을 피할 수 있다면, 의심 너머에 있는 복음이 제공하는 윤리 시스템으로 되돌아가야만 한다." 다음 기사는 1995년 4월 〈주일신문〉(The Mail on Sunday)의 논설에 머리기사로 나왔다: "신앙이 없는 사람들일지라도 오늘은 교회로 되돌아가야 합니다."

예수님의 가르침은 모든 서구 문명의 기초가 되었다. 우리 법조항의 대부분은 근본적으로 예수님의 가르침에 바탕을 둔 것이다. 과학과 기술 분야는 눈으로 확인될 만큼 발전하고 있다. 사람들은 더 빨리 이동하고, 더 많은 것을 알게 되었지만, 2천 년이 지나도록 예수 그리스도의 교훈적인 가르침보다 더 좋은 것을 가르친 사람은 아무도 없다.

미국의 신학 교수인 버나드 램(Bernard Ramm)은 예수님의 가르침에 대해 이런 말을 했다.

"그분의 가르침들이 더 많이 읽혀지고, 더 많이 인용되고, 더 많이 사랑받고, 더 많이 믿어지고, 더 많이 번역되는 것은 인간이 한 말 중 가장 위대하기 때문이다 … 그 위대함은 인간의 가슴속에 고동치는 커다란 문제들을 알기 쉽게, 분명히 그리고 권위 있게 다루는 순수하고 투명한 정신 속에 있다 … 다른 어떤 인간도 이 근본적인 인간의 문제들에 대해 예수님처럼 대답하지 못했기 때문이다. 그러나 예수님의 말씀은 우리가 하나님이 주실 것이라고 기대한 그런 말씀이었고 대답이었다." [178]

예수님이 하신 일

예수님이 하셨던 특이한 주장을 시험하기 위해서는, 그분이 말했던 것뿐만 아니라 그분이 행했던 것을 살펴보는 지각이 있어야한다. 예수님은 자신이 행하는 기적들이 "아버지께서 내 안에 계시고 내가 아버지 안에" (요 10:38) 있는 증거라고 말씀하셨다.

예수님은 함께 있기에 매우 특별한 사람이었음에 틀림없다. 기독교는 종종 지루하다고 말하는 사람들도 있지만, 예수님과 함께 있는 것은 지루하지 않았다.

그분이 잔치에 갔을 때, 그분은 물로 포도주를 만드셨다(요 2:1~11). 그분은 한 사람의 도시락을 받아 수천 명이 먹을 수 있는 양으로 늘리셨다(막 6:30~44). 그분에게는 자연을 다스리는 능력이 있어서 바람과 파도에게 명령하여 폭풍을 잠잠하게 하셨다(막 4:35~41). 그분은 사람들을 치료하셨다. 보지 못하는 자의 눈을 뜨게 하시고, 귀머거리와 벙어리가 듣고 말하게 하셨으며, 중풍에 걸린 사람을 걷게 하셨다. 그분이 환자들이 모여 있는 곳을 방문했을 때, 38년 동안 앓아누웠던 사람이 자리를 거두고 일어날 수 있게 되었다(요 5:1~9). 그분은 인간의 삶을 지배하고 있는 사악한 세력으로부터 자

---

178) Bernard Ramm, 〈기독교 증거〉(Protestant Christian Evidence), Moody Press, 1971.

유롭게 하셨다. 때때로 그분은 죽었던 사람을 살려 내기도 하셨다 (예를 들면, 요 11:38~44).

그분의 행동이 그토록 감동을 주는 이유는 단순히 그분이 행한 기적 때문만은 아니다. 그것은 바로 그분의 사랑, 특히 사랑받지 못하는 사람들(예를 들면, 나병 환자들과 창녀들)을 향한 사랑 때문이며, 그러한 사랑은 그분이 한 모든 일의 원동력이었다. "친구를 위하여"(요 15:13) 자기의 목숨을 버리셨을 때, 우리를 위한 그분의 사랑을 십자가 위에서 마지막으로 보여 주셨다. 확실히 이것은 악하거나 미친 사람의 행동은 아니지 않은가?

예수님의 성품

예수님의 성품은 자신을 그리스도인이 아니라고 말하는 수백만 명의 사람들에게까지 감동을 준다. 예를 들어, 버나드 레빈은 예수님에 관하여 이런 글을 썼다: "신약성경에 따르면, 예수님의 성품은 영혼이 있는 사람이라면 누구든지 그분의 영혼을 꿰뚫어 보고 감동시키기에 충분하지 않은가? … 그분의 메시지는 여전히 분명하며, 그분의 긍휼은 여전히 무한하며, 그분의 위로는 여전히 힘이 있으며, 그분의 말씀은 여전히 영광과 지혜와 사랑으로 가득 차 있어, 그분은 여전히 이 세상에 자신의 모습을 드러내고 있다." [179] 〈타임〉지는 이렇게 말했다: "예수, 서구의 역사에서 순수함, 이타심, 영원한 사랑의 최고의 상징."

여기에 자기 연민이 아닌 지고지순의 이타심을, 연약함이 아닌
겸손을, 타인의 희생이 없는 기쁨을, 방종이 아닌 친절을 실제로 보
여 준 사람이 있다. 대적자들마저도 그분에게서 흠을 찾아낼 수 없
었으며, 그를 아는 친구들은 그분이 죄 없는 사람이라고 말했다. 우
리 성품은 우리가 압력을 받거나 고통 가운데 있을 때 진실된 테스
트를 받는다고 말을 한다. 예수님은 고통당하셨을 때 말씀하셨다:
"아버지 저들을 사하여 주옵소서 자기들이 하는 것을 알지 못함이
니이다"(눅 23:34). 확실히 누구도 그런 인품을 가진 사람이 사악하다
거나 정신이 나간 사람이라고 말할 수는 없지 않은가?

구약 예언의 성취
예수님의 경우 300개가 넘는 예언을 이루셨으며(500년이 넘는 세월
동안 각기 다른 목소리에 의해 선포된), 그중 29개의 중요한 예언들을 하루
에(그분이 돌아가시던 날에) 이루셨다. 이 예언들 중 몇 가지는 예언자가
살았던 당시에도 어느 정도까지는 이루어졌지만, 그 궁극적인 완성
은 예수 그리스도 안에서였다.

---

179) Bernard Levin의 허락을 받아서.

나는 예수님이 아주 똑똑한 사기꾼이어서 자신이 구약에 예언된 메시아임을 나타내 보이려고 일부러 이 예언들이 이루어지게 했다는 이야기가 나올 수도 있다고 상상한다. 그러나 그 주장의 문제점은 첫째, 예언들의 숫자만으로도 그 일은 매우 어려웠을 것이라는 점이다. 둘째, 인간적으로 말해 그분은 그 사건들 중 많은 일들에 대해 아무런 통제력을 가지지 못했다. 예를 들면, 그가 정확히 어떻게 죽으리라는 것(사 53장)과 그분이 묻힐 장소와 심지어 태어날 장소까지(미 5:2) 구약에 예언되어 있다. 예수님이 이 모든 예언들을 완성하기를 원했던 사기꾼이라면 그분이 태어났어야 하는 장소를 발견했을 때는 이미 너무 늦었을 것이다!

예수님의 죽음에서의 승리(부활)

예수님이 죽은 자 가운데서 육체적으로 부활하신 사건은 기독교의 주춧돌이다. 내 경우에 하나님의 존재하심을 믿게 된 계기는 예수님의 삶, 죽음, 특히 부활을 통해서였다.

성안드레대학교의 신약학과 초기 기독교학 교수인 톰 라이트(Tom Wright) 목사는 말했다: "기독교에서 말하는 예수님은 우리가 이미 알고 있던 어떤 하나님을 확인하는 것이 아니다. 그것은 이렇다. 예수님의 부활이 확실히 보여 주는 것은 이 세상에 창조주가 계시며, 그 창조주는 예수님을 통해, 예수님의 렌즈를 통해 이해되어야 한다고 강력히 제안한다." 그러나 그 일이 사실이라는 증거는 무엇일까? 나는 그 증거를 네 개의 큰 제목으로 요약하고자 한다.

1. 빈 무덤

부활의 날 아침, 예수님의 시체가 무덤에 없었다는 사실을 설명하려는 많은 이론들이 나왔다. 그러나 그중 설득력이 있는 것은 하나도 없다.

첫째, 예수님은 십자가 위에서 죽지 않았다는 주장이다. 예수님이 십자가에서 끌어내려졌을 때 아직 살아 있었으며 나중에 회복되었다고 주장했다. 그러나 로마 군인의 채찍질로 인한 육체적 상처는 많은 사람들을 죽이기에 충분했었다. 이것을 멜 깁슨(Mel Gibson)의 영화 〈그리스도의 수난〉(The Passion of the Christ)에서 생생하게 묘사했다. 예수님은 십자가에 여섯 시간 동안 못 박혀 있었다. 사람이 이런 상황에서 1톤 반 정도나 되는 돌을 치울 수 있었을까? 병사들은 그분의 죽음을 분명히 확인했다. 그렇지 않았다면 그분의 시체를 끌어내렸을 리가 없다. 만약 그들이 죄수가 도망가도록 내버려 두었다면 그들은 사형에 처해졌을 것이다. 신약학 학자 중 한 명은, 이 이론은 단지 흥미를 돋우는 해석으로, 죽음에서 돌아올 것을 지키는 것이라며 우스갯소리를 한다.

더구나 병사들이 예수님이 이미 돌아가신 것을 발견했을 때, "그 중 한 군인이 창으로 옆구리를 찌르니 곧 피와 물이"(요 19:34) 나왔다. 이것은 응혈과 혈청의 분리로, 오늘날의 지식으로 볼 때 예수님이 죽었다는 강력한 의학적 증거가 된다.[180] 요한에게 그런 지식이 있을 리 만무하므로, 예수님이 죽었다는 것을 입증하기 위해 일부러 그 일을 기록한 것은 아닐 것이다. 그렇기 때문에 예수님이 돌아가셨다는 더욱 강력한 증거가 되는 것이다.

둘째, 제자들이 시체를 훔쳤다는 주장이다. 제자들이 시체를 훔치고 예수님이 죽은 자 가운데서 살아나셨다는 소문을 퍼뜨렸다는 것이다. 병사들이 무덤을 지키고 있었다는 사실은 그렇다 쳐도, 이 이론은 심리학적으로 타당성이 부족하다. 제자들은 예수님이 돌아가시자 몹시 실망했고 꿈을 잃어버렸다. 사도 베드로가 성령 강림절에 복음을 전하여 3천 명을 개종시킨 사람으로 변화하는 데에는 특별한 무언가가 필요했을 것이다. 게다가 그들이 자신의 믿음 때문에 얼마나 큰 고통을 받아야 했는지를 생각해 보면(채찍질과 고문, 어떤 이들은 심지어 죽음까지), 그들이 진실이 아닌 것을 위해 그 모든 것을 참아 냈다는 것은 있을 수 없는 일이다.

---

180) 〈Journal of the American Association〉, Vol. 255, 1986년 3월 21일.

셋째, 권력자들이 시체를 훔쳤다는 주장이다. 아마도 이것이 가장 타당성 없는 이론일 것이다. 만약 권력자들이 시체를 훔쳤다면, 예수님이 죽은 자 가운데서 살아났다는 소문을 가라앉히려고 애를 쓸 때 왜 시체를 내놓지 않았단 말인가? 권력자들(유대인들과 로마인들 모두)은 만일 그들이 실제로 시체를 찾아낼 수 있었다면, 예수님의 몸을 확실하게 공공연히 보여 주어 다양한 자료로 마음껏 사용했을 것이다.

예수님이 무덤에 계시지 않았다는 증거 가운데 가장 매혹적인 부분은 세마포에 대해 요한이 묘사한 글일 것이다. 어떤 의미에서 '빈 무덤'은 잘못 붙여진 이름이다. 베드로와 요한이 무덤으로 갔을 때, 그들은 기독교 변증자 조쉬 맥도웰(Josh McDowell)이 말했듯이, 나비가 날아간 후 '나비 고치의 빈 번데기 집 같은' 세마포를 보았다.[181] 마치 예수님은 세마포 수의를 단지 하나의 과정으로 통과하신 것만 같았다. 요한은 별로 놀라지 않은 채 '보고 믿었다'(요 20:8).

2. 제자들에게 나타나심
이것이 환각이었을까? 〈옥스퍼드 콘사이즈 사전〉에, 환각이란

---

181) Josh McDowell, 〈부활의 요인〉(The Resurrection Factor), Here's Life Publishers, 1981.

"…실제로는 존재하지 않는 외부의 물체를 분명하게 지각하는 것"
이라고 말하고 있다. 환각은 보통 극도로 긴장하거나, 극도로 상상
력이 풍부하거나, 몹시 신경질적인 사람, 또는 병을 앓고 있거나 마
약을 복용한 사람에게 나타난다. 그러나 제자들은 이들 중 어디에
도 속하지 않는다. 건장한 어부나 세리 도마처럼 의심 많은 사람이
환각을 일으킬 리가 없다! 게다가 환각을 일으키는 사람은 갑자기
그것을 멈출 수도 없다. 예수님은 6주에 걸쳐 11번 제자들에게 나타
나셨다. 11번이나 나타나시고는 갑자기 더 이상 나타나지 않은 것
을 보면 환각 이론은 잘못된 것임을 알 수 있다.

더구나 500명이 넘는 사람들이 부활하신 예수님을 목격했다. 한
사람이 환각을 일으키는 일은 가능하다. 두 사람 혹은 세 사람이 같
은 환각 상태에 빠지는 것도 가능하다. 그러나 500명이 모두 같은
환각 상태에 빠지는 일이 있을 수 있단 말인가?

끝으로, 환각은 주관적인 것이다. 객관적인 사실성이 없다. 마치
유령을 보는 것과 같은 일이다. 예수님은 만져질 수 있었고, 구운
물고기를 드셨고(눅 24:42~43), 한번은 제자들을 위해 아침 식사를 준
비하셨다(요 21:1~14). 베드로는 그가 죽은 사람들 가운데서 살아나신
뒤에 우리는 그와 함께 먹기도 하고 마시기도 하였다(행 10:41)고 말
했다. 예수님은 그들과 긴 대화를 나누셨으며, 하나님의 나라에 대

해 많은 것을 가르치기도 하셨다(행 1:3).

3. 즉각적인 효과

예수님이 죽은 자들 가운데서 살아나심으로 나타난 효과는, 누구나 예상할 수 있듯이 세상에 대한 엄청난 충격이었다. 교회가 탄생하여 무서운 속도로 성장했다. 대중적이면서도 학술적인 저서를 많이 쓴 마이클 그린(Michael Green)은 이렇게 말했다.

> "교회는 소수의 교육받지 못한 어부와 세리들로부터 시작하여 이후 300년 동안 알려져 전 세계를 휩쓸었다. 그것은 역사상 전무후무한 평화로운 혁명에 관한 완벽하리만큼 경이로운 이야기이다. 이 일은 그리스도인들이 자신에게 질문을 던져 오는 사람을 향해 '예수님은 당신을 위해 단지 돌아가시기만 한 것이 아닙니다. 그분은 살아나셨습니다! 당신은 그분을 만날 수 있으며, 우리가 이야기하고 있는 그 실체를 직접 확인할 수 있습니다' 라고 말할 수 있었기 때문에 가능했다. 그리스도인들은 이런 말들을 전했고 교회에 참여했다. 그리고 교회는 부활절의 무덤에서 태어나 온 누리에 퍼졌다." [182]

---

182) Michael Green, 〈예수님의 부활〉(Man Alive!), Inter Varsity Press, 1968.

4. 오랜 세월에 걸친 영향

수백만이 넘는 많은 사람들이 오랜 세월에 걸쳐 부활하신 예수 그리스도를 경험했다. 그들은 피부색, 민족, 종족, 대륙 및 국적이 다른 사람들이었다. 또 그들은 각기 경제적, 사회적, 지적으로 다른 배경을 가지고 있었다.

전 세계 수백만의 그리스도인들은 오늘도 부활하신 예수 그리스도와의 관계를 경험하고 있다. 여러 해 동안 나 역시 예수 그리스도가 지금도 살아 계신 것을 경험했다. 나는 그분의 사랑과 권능, 그리고 그분이 정말로 살아 계신다는 확신을 통해 실제적인 관계를 체험했다. 소설 속의 인물인 셜록 홈즈(Sherlock Holmes)는 말했다: "당신이 불가능을 무시할 때, 사실 같지 않지만 마지막 남은 가능성이 아무리 믿기 어렵더라도 그것은 진리이다." [183]

앞부분에서 보았듯이 예수님이 자신에 대해 하신 말씀을 살펴보면, 실제로 다음 세 가지 경우가 가능하다. 그가 하나님의 아들이었으며 지금도 그러하다든지, 아니면 미친 사람이었든지, 아니면 그보다 더 끔찍스런 존재였다는 것이다. 증거를 살펴볼 때, 그분이 미쳤다거나 악마였다는 것은 말이 되지 않는다. 그분의 가르침, 그분

---

183) Sir Arthur Conan Doyle, 〈네 사람의 서명〉(The Sign of Four), Penguin, 2001.

의 행동, 그분의 성품, 구약 예언의 완성, 죽음의 정복 등에서 볼 때 그러한 존재였다는 주장은 터무니없고 비논리적이고 믿을 수 없는 것이다. 오히려 이 모든 것들은 하나님의 신분을 가졌던 예수님께서 스스로가 인간임을 자각했다는 것에 대한 강력한 증거가 된다.

결론적으로 C. S. 루이스는 다음과 같이 요약한다: "우리는 끔찍한 선택 앞에 서게 된다. 그러나 이상하고 두렵고 그럴듯하지 않게 들릴지는 모르겠지만, 나는 그가 하나님이었고 하나님이라는 견해를 받아들일 수밖에 없다."[184] 우리가 지금 이야기하고 있는 이 사람은 그가 말한 그대로의 인물이었든지(그리고 인물이든지), 아니면 미치광이 혹은 그보다 더한 존재인 것이다. 그러나 C. S. 루이스에게 분명한 것은 그가 결코 미치광이나 악마가 아니라는 것이다.

---

184) C. S. Lewis, 〈순전한 기독교〉(Mere Christianity), book Ⅱ, section 4, paragraph 1, Fount, 1952.